本书是山西省科技厅软科学项目"科技引领资源型产业可持续发展对策研究——以山西省为例"（2018041047-7）。

# 资源型产业转型与可持续发展路径研究

李慧 著

山西出版传媒集团
山西人民出版社

图书在版编目（ＣＩＰ）数据

资源型产业转型与可持续发展路径研究 / 李慧著
. —太原：山西人民出版社，2022.6
ISBN 978-7-203-12304-0

Ⅰ．①资… Ⅱ．①李… Ⅲ．①资源产业—产业结构调整—经济可持续发展—研究—中国 Ⅳ．① F124.5

中国版本图书馆 CIP 数据核字（2022）第 097504 号

**资源型产业转型与可持续发展路径研究**

| | |
|---|---|
| 著　　者： | 李　慧 |
| 责任编辑： | 魏美荣 |
| 复　　审： | 傅晓红 |
| 终　　审： | 贺　权 |
| 出 版 者： | 山西出版传媒集团·山西人民出版社 |
| 地　　址： | 太原市建设南路21号 |
| 邮　　编： | 030012 |
| 发行营销： | 0351—4922220　4955996　4956039　4922127（传真） |
| 天猫官网： | https://sxrmcbs.tmall.com　电话：0351—4922159 |
| E-mail： | sxskcb@163.com　　发行部 |
| | sxskcb@126.com　　总编室 |
| 网　　址： | www.sxskcb.com |
| 经 销 者： | 山西出版传媒集团·山西人民出版社 |
| 承 印 厂： | 晋中市美琳印务有限公司 |
| 开　　本： | 720mm×1020mm　　1/16 |
| 印　　张： | 15 |
| 字　　数： | 250千字 |
| 版　　次： | 2022年6月　第1版 |
| 印　　次： | 2022年6月　第1次印刷 |
| 书　　号： | ISBN 978-7-203-12304-0 |
| 定　　价： | 86.00元 |

如有印装质量问题请与本社联系调换

# 引　言

在我国，经济建设发展到现在，改革开放初期的粗放型发展模式早已发生了转变，低级生产要素存量的减少也促进了高级生产要素的发展。政府在产业发展中的主导角色也发生了质变，由传统"家长式"全方位管控逐渐转变为"三放"模式，即"放权、放手、放心"。相对应，社会各方面力量的角色也随之调整。政府、社会和企业相互磨合沟通，达成新的协调，走向和谐发展。

通过研究发达国家经济发展进程和最新的产业政策发现，各个阶段不同主题的产业升级是经济发展主要的动力，而共同点则是秉承资源禀赋和原有产业基础，注入新阶段科技研发力量，创新驱动，走可持续发展之路。比如，德国的工业4.0战略布局强调智能化，日本的"数字日本创新计划"把智能建设列为重点，都是从自身产业发展基础和现状出发。

2017年9月，国务院发布《关于支持山西省进一步深化改革促进资源型经济转型发展的意见》，指出破解制约资源型经济转型的根本道路是转型升级、创新驱动发展。2020年5月，习近平总书记在山西考察时强调，在转型发展上，山西既要有紧迫感，更要有长远战略谋划，要久久为功，正确的东西就要坚持下去，不要反复、不要折腾。山西如果能在转型发展上率先蹚出一条新路来，对全国同类型的省份也有借鉴意义。2020年7月，山西省委十一届十次全会再次强调"转型发展是山西发展的根本出路、唯一出路"。山西省"十四五"规划明确指出把创新驱动放在转型发展全局的核心位置。长期以煤炭为单一产业结构的严重后果就是经济发展放缓、竞争力下降、产业转型升级障碍诸多,"十三五"期间山西省的产业结构有了一定改善,进入"十四五",如何将转型之路走好成为关键。山西省面临"资源型转型"的现实瓶颈问题,所以才有了现在大力开展的"全面转型"。发展战略性新兴产业是转型瓶颈的有效突破口,如何正确选择适合的战略性新兴支柱产业十分重要。"战略性新兴产业集群基本形成"是山西2025年"转型出雏形"的重要标志。全方位推动高质量发展是新时期下的目标和任务,为完成这一划时代的任务,山西省坚定改革的决心,彰显出锐意进取的奋斗姿态,全面推进经济建设,构建支撑高质量发展的现代化产业体系。

基于此,本书从资源型产业转型的必要性、可行性等方面进行论证,明确提出资源型产业的可持续发展要依靠科技的力量,走产业链升级转型之路。唯有制造业发展基础夯实,才能有力推动地区经济的长远发展。立足山西实际,从本地资源型经济特点出发,以资源型产业转型为抓手,探寻契合新形势,满足新要求的高质量发展之路。

# 目 录

# 第一章　资源型产业转型与可持续发展理论

## 第一节　资源型产业转型与可持续发展的相关理论基础

### 一、产业结构优化理论

产业结构，即国民经济的部门结构，也就是国民经济各产业部门之间以及各产业部门内部的构成。研究产业结构，主要是研究生产资料和生活资料两大部类之间的关系；从部门来看，主要是研究农业、轻工业、重工业、建筑业、商业、服务业等部门之间的关系，以及各产业部门的内部关系。①产业结构优化过程就是通过政府的有关产业政策调整、影响产业结构变化的供给结构和需求结构，实现资源优化配置与再配置，来推进产业结构的合理化和高度化发展。具体来说，产业结构优化是产业之间的经济技术联系，包括数量比例关系由不协调不断走向协调的合理化过程，是产业结构由低层次不断向高层次演进的高度化过程。产业结构优化主要包括两个方面的内容，产业结构合理化和产业结构高度化，对区域经济发展具有重要的推动作用。

**图1-1　产业结构优化的内容**

①苏东水，苏宗伟：《产业经济学》（第五版），北京：高等教育出版社，2021年版。

如图 1-1，供给结构是指在一定价格条件下作为生产要素的资本、劳动力、技术、自然资源等在国民经济各产业间可以供应的比例，以及这种供给关系为联结纽带的产业关联关系。需求结构是指在一定的收入水平条件下，政府、企业、家庭或个人所能承担的对各产业产品或服务的需求比例，以及以这种需求为联结纽带的产业关联关系，包括政府（公共）需求结构、企业需求结构、家庭需求结构或个人需求结构，以及以上各种需求的比例。国际贸易结构是指国民经济各产业产品或服务的进出口比例，以及以这种进出口关系为联结纽带的产业关联关系。国际贸易结构包括不同产业间的进口结构和出口结构，也包括同一产业间的进出口结构（即进口和出口的比例）。国际投资包括本国资本的流出，即本国企业在外国的投资（对外投资），以及外国资本的流入，即外国企业在本国的投资（外国投资或外来投资）。对外投资会导致本国产业的对外转移，外国投资则促使国外产业的对内转移。这两方面都会引起国内产业结构的变化。国际投资结构是指对外投资与外国投资的比例结构，以及对外投资在不同产业之间的比例和外国投资在本国不同产业之间的比例及其各种派生的结构指标。[①]由此可见，产业结构优化的动力分为内部和外部，与宏观经济学的分析框架类似。产业经济学本身被称为中观经济学，分析思路既有企业内部发展的微观研究方法，也有涉及宏观层面的因素分析。资源型产业转型应注意产业发展的关联效用，注意利用现有产业优势，关注产业在生产、产值、技术等方面的变化，通过前向、后向和旁侧效应的影响，利用关联效用推动资源型产业升

---

① 苏东水，苏宗伟：《产业经济学》（第五版），北京：高等教育出版社，2021年版。

级。虽然以市场化为主导，但是由于历史发展，固有的机制、体制等原因，资源型产业结构优化必须有政府的推动作用。产业结构优化的实质是实现资源在产业之间的优化配置和高效利用，促进产业经济协调、稳定、高效发展。在此需要强调的是产业结构优化不是一味强调增加第三次产业比重，每个地区需要从自身实际出发，综合考虑资源禀赋、地理位置、发展水平、产业基础等，不是摒弃原有产业，而是依托原有产业的调整实现产业结构优化，探索出一条适合本地资源特点的可持续发展的道路。在产业升级过程中，部分区域盲目跟从，导致工业基础没有夯实，如何去修补这个问题，是政府职能努力的重点之一。

所谓转型，是指事物的结构形态、运转模型和人们观念的根本性转变过程。不同转型主体的状态及其与客观环境的适应程度，决定了转型内容和方向的多样性。经济转型是一种经济运行状态转向另一种经济运行状态，就其概念而言，是指一个国家或地区的经济结构和经济制度在一定时期内发生的根本变化，具体地讲，经济转型是经济体制的更新，是经济增长方式的转变，是经济结构的提升，是支柱产业的替换，是国民经济体制和结构发生的一个由量变到质变的过程。产业转型升级，定义为产业结构高级化，即向更有利于经济、社会发展方向发展。绿色发展成为产业转型升级的主要抓手。以生态促发展，推动产业绿色化和绿色产业化是必由之路。"十四五"的主要战略目标是满足人民日益增长的美好生活需要，提出了高质量发展要求，而优化产业结构，最终受益者是广大人民，这是实现高质量发展的路径之一。传统产业不一定是落后产业，只要进行科学的改造升级，大都能焕发生机活力。应从整体经济发展和满足人民对美好生活的需要出发，既不能超越实际，也不能听之任之。应强化科技创新，使传统产业释放新的活力，推动经济新旧动能加快转换，夯实经济持续健康发展的基础。

新兴产业与传统产业，尤其是一、二次产业的相互交融及被包含关系十分明显，与传统产业之间的界线是个具有一定宽度的"带"，产业界限模糊，产业定义难以统一。新兴产业活动与传统产业活动具有高依附性和相关性。脱离物质生产环节而讨论信息经济活动是无意义的，信息产业（无论何种定义方式）活动总是借助信息技术、产品和服务与传统工业、农业紧紧交融；脱离工业生产、农业活动讨论环保，或者不介入工业、农业产业活动的环保产品设计、制造和应用也是不可能的。高次产业脱胎于传统三次产业但又不完全等同于传统三次产业，它们通过某种核心技术连接一、二、三次产业中的相关产业活动，是从更高层级上对经济活动再分解和重新组合的结果；高次产业对传统产业活动进行渗透和改造，标志了传统产业的未来发展方向，例如传统产业的高技术化（包括信息化）、生态化和知识密集方向等。

在产业转型中，主导产业的概念非常重要，往往可以引导和推动整个产业体系发展。合理选择主导产业十分重要。赫希曼最早提出主导产业的概念。美国发展经济学家罗斯托在其著作《经济成长的阶段》中对主导产业进行了系统性阐述。

产业结构优化与产业升级、产业转型和产业转移都是同一个问题的不同方面。承接产业转移是产业结构优化的实现途径之一。产业转出地区和转入地区正是因为存在产业结构低级、高级之间的差异才会达成有效的产业转移。产业转入地区得益于较本地区先前发展更为先进的产业体系和要素的流入而推动本地产业结构升级，产业转出地区则实现了原有产业的转移发展进而推动新兴产业发展。这个过程中伴随着对外投资。图1-1中所提及的国际投资就与承接国际产业转移有一定的关系。但是在产业转移中必须因地制宜，不能盲目接收，必须考虑本地产业结构优化的合适方向，有选择地承接产业转移。这项活动事关区域之间的协调，以要素自由流动为主导的同时需要政府科学统筹安排。

### 二、产业集群和集聚理论

产业集群作为一种产业组织形态已成为一种世界性的经济现象，在空间上具体表现为相关企业的大量集聚。对产业集群的研究很多，但是具体区分产业集聚和产业集群的权威标准还没有，鉴于研究需要，对这两个概念进行大致界定和划分。

波特（1990）在《国家竞争优势》一书中首先提出用产业集群（Industrial Cluster）的概念对集群现象进行分析。他认为，区域的竞争力对企业的竞争力有很大的影响，并通过对10个工业化国家的考察发现，产业集群是工业化过程中的普遍现象，在所有发达的经济体中，都可以明显看到各种产业集群。[1]

产业集群之所以发展迅速是因为它能够利用集群效应（外部经济性、联合行动、制度效应）来获得一定的竞争优势，从而使这一产业得以快速发展，而这种效应也必须通过相关企业在一定空间上集聚才能获得。当今国内外研究中，对产业集群有多种称谓，如产业簇群、产业区、区域创新系统、综合生产体等。这些称谓只是不同学派的不同定义，它们都是同一事物处于不同的参照背景而言的，都反映了产业在地理上集中的现

---

[1] 迈克尔·波特：《国家竞争优势》，北京：中信出版社，2012年版。

象。在此我们将它们都称作产业集群。

产业集聚的公认定义为一组在地理上靠近的相互联系的公司和关联的机构，它们同处或相关于一个特定的产业领域，既竞争又合作，由于具有共性和互补性而联系在一起，是彼此关联的公司、专业化供货商、服务供应商和相关产业的企业以及政府、相关机构（包括大学、智囊团、职业培训、中介机构以及行业协会等）的集聚体。在产业集聚中，除了企业外，还存在大量的组织和机构，地方政府、协会、各类中心和研究机构。"产业集聚"一词揭示了相关企业及其支持性机构在一些地方靠近集成群，从而获得企业竞争优势的现象和机制。产业集聚是市场经济条件下工业化进行到一定阶段后的必然产物，是现阶段产业竞争力的重要来源和集中表现。自一个多世纪前马歇尔首次提出著名的产业空间集聚以来，学术界对产业集聚理论从不同的视角进行了学理探究，使产业集聚理论日臻成熟与完善。

马歇尔于1890年开创了对产业集聚的研究，他提出了产业集聚的内涵、外延，并探讨了产业集聚产生的基本原因。马歇尔是从古典经济学的角度，通过研究工业组织这种生产要素，间接表明了企业为追求外部规模经济而集聚，并据此提出内部经济和外部经济两个重要概念，强调外部经济的重要性。但他的研究是初步的、不完全的，对产业集聚功能、度量和效应等问题均未涉及。此后，产业集聚理论出现了许多流派。

产业空间集聚是一种产业集中的动态过程，是形成产业集群的必经之路；但形成所谓空间集聚并不一定能形成集群，只有当这种集聚过程稳定下来之后才形成集群，集群是集聚的结果。可以这么认为，产业空间集聚是产业集群的动态过程，空间集聚的目的是为了形成集群，但并不是每个集聚的过程最终都能产生集群效应，转化为一种高效率、强竞争力的经济组织形式——产业集群。

表1-1  产业集群主要代表性理论

| 理论流派 | | 代表 | 代表观点 | 主要内容 |
|---|---|---|---|---|
| 古典经济学的产业集群理论 | | 亚当-斯密（1776） | 专业化分工 | ①分工与专业化—劳动生产率提高—生产规模扩大—规模经济；②分工与专业化—迂回生产方式—部门的细化—集聚经济 |
| 新古典经济学的产业集群理论 | | 阿尔弗雷德·马歇尔（20世纪20年代） | "产业区"；内外部规模经济 | 外部规模经济—劳动市场共享、专业化附属行业的创造和技术外溢。缺陷：没有考虑区内企业成长和区间企业迁入、迁出等动态因素以及区域产业组织的外部连接与创新 |
| 传统经济地理学的产业集群理论 | 传统区位理论 | 杜能（1826） | 农业区位理论 | 世界上第一部关于区位理论的古典名著《孤立国对农业和国民经济之关系》 |
| | | 韦伯 | 工业区位理论量化产业集群规模：运输指向和劳动力指向 | ①低级阶段：产业集中化。②第二阶段：有效的地方性集聚效应。缺陷：脱离了制度、社会、文化、历史因素，单纯从资源、能源的角度加以考察 |
| | 现代区位理论 | 胡佛（1948） | 著作：《经济活动的区位》 | 某产业在特定地区的集聚体的规模—集聚经济—生产区位；广泛应用于区域经济一体化，区域分工和要素流动，区域经济规划等 |
| | | 佩鲁（1950）缪尔达尔；赫希曼；弗农，小岛清等 | "增长极" | 循环累计因果理论—极化效应和扩散效应；极化效应和涓流效应；点轴理论模式；网络开发模式；地域生产综合体理论模式；区域分工理论模式；产业梯次推进理论（产品周期理论，雁行模式） |
| 工业集聚理论 | | 克鲁格曼（20世纪70年代末） | 新的空间经济理论 | 传统的收益递增—地理区位；路径依赖性；低的运输成本、高制造业比例和规模有利于区域集聚的形成 |

续表

| 理论流派 | 代表 | 代表观点 | 主要内容 |
|---|---|---|---|
| 新产业区理论 | Remigio 等 | 产业区内部企业高度专业化分工 | 柔性专业化生产和区域创新环境及网络—产业集聚 |
| 新竞争优势理论 | 波特 | "钻石模型" | ①产业集群的核心内容是其竞争力的形成和竞争优势的发挥。②政府的政策对集群有重要的影响。缺陷:忽视跨国贸易活动的影响 |

资料来源：根据产业集群和集聚相关理论整理而来①。

产业集聚成为地区经济发展和产业升级的共识。以产业集聚的形式吸引较为发达地区或国家的产业转移，一方面可避免盲目性，选择符合规划的企业落户当地；另一方面也能借关联企业聚集的规模经济和范围增加对发达地区产业转移的吸引力。产业集聚延伸了产业链，并与城镇化发展产生良性互动，还加快了现代流通、电信服务等生产型服务业的延伸拓展，明显地催生出劳动力集聚、服务集聚和消费集聚的共生效应。这种良好的效应为承接产业转移提供了基础，也增加了当地产业发展的机会。

### 三、战略环境分析理论

环境是指事物周边的境况，是人类赖以生存的要素。由于研究的角度不同，自然就形成关于环境的不同角度的定义，如自然环境、社会环境、人文环境等。

宏观环境分析指的是PEST分析，P是政治（politics），E是经济（economy），S是社会（society），T是技术（technology）②。

①李慧：《泛长三角区域产业结构、产业集聚与梯度转移研究》，合肥工业大学硕士论文，2010年。
②迈克尔·波特：《竞争战略》，北京：中信出版社，2014年版。

在分析一个企业集团所处背景的时候，通常是通过这4个因素来分析企业集团所面临的状况。进行PEST分析需要掌握大量的、充分的相关研究资料，并且对所分析的企业有着深刻的认识，否则，此种分析很难进行下去。

政治方面有政治制度、政府政策、国家的产业政策、相关法律及法规等，不同的国家有着不同的社会性质，不同的社会制度对组织活动有着不同的限制和要求。即使社会制度不变的同一国家，在不同时期，由于执政党的不同，其政府的方针特点、政策倾向对组织活动的态度和影响也是不断变化的。重要的政治法律变量包括执政党性质、政治体制、经济体制、政府的管制、税法的改变、专利数量、专利法的修改、环境保护法、产业政策、投资政策、国防开支水平、政府补贴水平、反垄断法规、与重要大国关系、地区关系、对政府进行抗议活动的数量、民众参与政治行为等。

经济方面主要内容有经济发展水平、规模、增长率、政府收支、通货膨胀率等。由于企业是处于宏观大环境中的微观个体，经济环境决定和影响其自身战略的制定，经济全球化还带来了国家之间经济上的相互依赖性，企业在各种战略的决策过程中还需要关注、搜索、监测、预测和评估本国以外其他国家的经济状况。经济环境主要包括宏观和微观两个方面的内容：宏观经济环境主要指一个国家的人口数量及其增长趋势，国民收入、国民生产总值及其变化情况以及通过这些指标能够反映的国民经济发展水平和发展速度。微观经济环境主要指企业所在地区或所服务地区的消费者的收入水平、消费偏好、储蓄情况、就业程度等因素。这些因素直接决定着企业目前及未来的市场大小。

社会方面有人口、价值观念、道德水平等。每一个社会都有其核心价值观，它们常常具有高度的持续性，这些价值观和文化传统是历史的沉淀，通过家庭繁衍和社会教育而传播延续的，因此具有相当的稳定性。每一种文化都是由许多亚文化组成的，它们由共同语言、共同价值观念体系及共同生活经验或生活环境的群体所构成，不同的群体有不同的社会态度、爱好和行为，从而表现出不同的市场需求和不同的消费行为。

技术方面有高新技术、工艺技术和基础研究的突破性进展。目前，技术变革是能彻底改变行业的因素。技术环境除了要考察与企业所处领域的活动直接相关的技术手段的发展变化外，还应及时了解国家对科技开发的投资和支持重点、技术发展动态和研究开发费用总额、技术转移和技术商品化速度、专利及其保护情况等。

PEST分析中对于外部环境分析就是管理常用的SWOT分析法中的O（机会）和T（威胁），这个分析方法是管理人员和政策制定者常使用的定性定量相结合的方法思路。遵循宏观环境分析思路，一般不会漏掉某些关键要素。虽然E（经济因素）容易量化可取，也是比较直观反映产业发展现状的指标，P、S、T对于指标的结果却有着重要的影响力。我们在分析资源型产业转型升级中，落脚点是为政府制定相应的产业政策提供资料依据，技术进步是产业转型的根本动力。

产业环境分析就是中观层面分析，主要包括产品生命周期理论，波特五力模型和关键因素分析等。

产业生命周期是每个产业都要经历的一个由成长到衰退的演变过程，是指从产业出现到完全退出社会经济活动所经历的时间。一般分为初创阶段、成长阶段、成熟阶段和衰退阶段。

产业生命周期理论是在产品生命周期理论基础上发展而来的。Vernon 在 1966 年提出产品生命周期理论，随后 William J. Abernathy 和 James M. Utterback 等以产品的主导设计为主线将产品的发展划分成流动、过渡和确定三个阶段，进一步发展了产品生命周期理论。在此基础之上，1982 年，Gort 和 Klepper 通过对 46 个产品最多长达 73 年的时间序列数据进行分析，按产业中的厂商数目进行划分，建立了产业经济学意义上第一个产业生命周期模型。其后，许多学者从不同角度对产业生命周期进行了深入研究，主要集中在以下几个方面：一是从实证的角度来考察产业生命周期曲线的形态；二是考察产业生命周期不同阶段，企业的进入、退出以及进入壁垒和退出壁垒等；三是分析推动产业生命周期演化的动力；四是研究如何根据产业生命周期来制定相应的产业政策。识别产业生命周期所处阶段的主要标志有：市场增长率、需求增长潜力、产品品种多少、竞争者多少、市场占有率状况、进入壁垒、技术革新以及用户购买行为等。[1]

波特五力模型是迈克尔·波特（Michael Porter）于 20 世纪 80 年代初提出的。他认为行业中存在着决定竞争规模和程度的五种力量，这五种力量综合起来影响着产业的吸引力以及现有企业的竞争战略决策。五种力量分别为：同行业内现有竞争者的竞争能力、潜在竞争者进入的能力、替代品的替代能力、供应商的讨价还价能力与购买者的议价能力。波特五力模型将大量不同的因素汇集在一个简便的模型中，以此分析一个行业的基本竞争态势，波特的"五力"分析法是对一个产业盈利能力和吸引力的静态层面阐述，说明的是该产业

① 苏东水，苏宗伟：《产业经济学》（第五版），北京：高等教育出版社，2021 年版。

中的所有企业平均可能具有的盈利空间，所以这是一个产业形势的衡量指标。

不同产业因产业本身特质及结构不同，而有不同的关键成功因素，此因素是决定于产业本身的经营特性，该产业内的每一公司都必须注意这些因素。关键成功因素的8种确认方法，包括环境分析法、产业结构分析法、产业（企业）专家法、竞争分析法、产业领导厂商分析法、企业本体分析法、突发因素分析法和市场策略对获利影响的分析法。[①]关键成功因素建立起产业特征与企业战略之间的关联，针对不同产业以及相同产业内不同企业或者不同产业的不同企业，关键成功因素都有相同的可能，也会有个体差异。

另外，产业经济学中的SCP理论也是分析环境的重要理论。SCP理论是哈佛大学学者创立的产业组织分析理论。作为正统的产业组织理论，哈佛学派以新古典学派的价格理论为基础，以实证研究为手段，按结构、行为、绩效对产业进行分析，构架了系统化的市场结构（Structure）-市场行为（Conduct）-市场绩效（Performance）的分析框架（简称SCP分析框架）。该理论对于研究产业内部市场结构，主体市场行为及整个产业的市场绩效有现实的指导意义，在SCP框架中着重突出市场结构的作用，认为市场结构是决定市场行为和市场绩效的因素，分析程序是市场结构决定企业在市场中的行为，企业市场行为又决定经济绩效。因此，改善市场绩效的方式就是通过产业政策调整市场结构。

韦伯（Alfred Weber，1868—1958）是德国经济学家，他于

①迈克尔·波特：《竞争战略》，北京：中信出版社，2014年版。

1909年出版了《工业区位论：区位的纯理论》一书，从而创立了工业区位论。韦伯提出工业区位论的时代，是德国在产业革命之后，近代工业有了较快发展，从而伴随着大规模人口的地域间移动，尤其是处在产业与人口向大城市集中的现象极为显著的时代。在这种背景之下，韦伯从经济区位的角度，探索资本、人口向大城市移动（大城市产业与人口集聚现象）背后的空间机制。韦伯在经济活动的生产、流通与消费三大基本环节中，挑选了工业生产活动作为研究对象。通过探索工业生产活动的区位原理，试图解释人口的地域间大规模移动以及城市的人口与产业的集聚原因。韦伯假定了完全竞争条件和产品价格固定不变，所以工业活动的区位选择主要取决于生产成本。如何找出工业区位产品的生产成本最低点，作为配置工业企业的理想区位，是工业区位论的核心内容。这是将微观经济生产成本与区位的结合分析。区位因子分为一般区位因子和特殊区位因子。前者与所有工业有关，如运费、劳动力、地租等；而后者与特定工业有关，如空气湿度等。在区位因子中，使工业企业向特定地点布局的区位因子，被称为区域性因子，它们是形成企业区位基本格局的基础。而集聚、分散等因子对地域条件所决定的工业区位基本格局具有偏移作用。

　　企业产业环境调查应重点考察所处行业或计划进入的行业的生产经营规模、产业状况、竞争状况、生产状况、产业布局、市场供求情况、产业政策、行业壁垒和进入障碍、行业发展前景等。产业升级需要良好的环境保障。对于产业环境的分析可以细化为产业创新环境、产业集群环境、产业可持续发展环境等，有针对性地完善和补充产业环境分析，得出推动产业升级的关键动力，为产业转型升级打造合适的政策环境。

## 四、产业可持续发展理论

《我们共同的未来》（1987年由挪威首相布伦特兰夫人主持，联合国世界环境与发展委员会制定的报告）是这样定义可持续发展的："既满足当代人的需求，又不对后代人满足其自身需求的能力构成危害的发展。"[1]这一概念在1989年联合国环境规划署（UNEP）第15届理事会通过的《关于可持续发展的声明》中得到接受和认同。所以归纳为：可持续发展指满足当前需要，而又不削弱子孙后代满足其需要之能力的发展，而且绝不包含侵犯国家主权的含义。1992年的世界环境和发展大会以"可持续发展"为指导方针，制定并通过了《21世纪行动议程》和《里约宣言》等重要文件，正式提出可持续发展战略。1994年3月，《中国21世纪议程——中国21世纪人口、环境与发展白皮书》在国务院常务会议上正式通过，中国成为世界上第一个编制出本国21世纪议程行动方案的国家。

1995年9月，中共十四届五中全会正式将可持续发展战略写入《中共中央关于制定国民经济和社会发展"九五"计划和2010年远景目标的建议》，提出"必须把社会全面发展放在重要战略地位，实现经济与社会相互协调和可持续发展"。这是在党的文件中第一次使用"可持续发展"的概念。根据十四届五中全会精神，1996年3月，第八届全国人民代表大会第四次会议批准了《国民经济和社会发展"九五"计划和2010年远景目标纲要》，将可持续发展作为一条重要的指导方针和战略目标上升为国家意志。1997年中共十五大进一步明确将可持续发展战

---

[1]联合国：《可持续发展目标》，https://www.un.org/sustainabledevelopment/zh/. html .

略作为我国经济发展的战略之一。

可持续发展是一个涉及经济、社会、文化、技术及自然环境的综合概念。它是一种立足于环境和自然资源角度提出的关于人类长期发展的战略和模式。它的基本思想主要包括三个方面：

第一，可持续发展鼓励经济的增长。它强调经济增长的必要性，必须通过经济增长提高当代人福利水平，增强国家实力和社会财富。但可持续发展不仅要重视经济增长的数量，更要追求经济增长的质量。这就是说，经济发展包括数量增长和质量提高两部分。数量的增长是有限的，而依靠科学技术进步，提高经济活动中的效益和质量，采取科学的经济增长方式才是可持续的。

第二，可持续发展的标志是资源的永续利用和良好的生态环境。经济和社会发展不能超越资源和环境的承载能力。可持续发展以自然资源为基础，同生态环境相协调。它要求在严格控制人口增长、提高人口素质和保护环境、资源永续利用的条件下，进行经济建设，保证以可持续的方式使用自然资源和环境成本，使人类的发展控制在地球的承载力之内。

第三，可持续发展的目标是谋求社会的全面进步。发展不仅仅是经济问题，单纯追求产值的经济增长不能体现发展的内涵。可持续发展的观念认为，世界各国的发展阶段和发展目标可以不同，但发展的本质应当包括改善人类生活质量，提高人类健康水平，创造一个保障人们平等、自由、受教育和免受暴力的社会环境。这就是说，在人类可持续发展系统中，经济发展是基础，自然生态保护是条件，社会进步才是目的。

经济可持续发展是可持续发展系统的重要组成部分，它在可持续发展系统中占据核心地位。生态可持续发展是经济可持续发展的自然基础，社会可持续发展是经济可持续发展的重要保证；经济可持续发展为生态可持续发展和社会可持续发展提供物质条件。只有做到经济可持续发展，才能形成整个系统的可持续发展。

GDP是目前国际通行的国民经济核算体系，它是反映一个国家经济规模、经济实力、国家发展程度的重要指标，也是国家制定宏观调控政策的重要依据。当前的国民核算体系存在3个方面的问题：国民账户未能准确反映社会福利状况，没有考虑资源状态的变化；人类活动所使用自然资源的真实成本没有计入常规的国民账户；国民账户未计入环境损失。绿色GDP就是在GDP的基础上，扣除经济发展所引起的资源耗减成本和环境损失的代价而提出的。绿色GDP在一定程度上反映了经济与环境之间的相互作用，是反映可持续发展的重要指标之一。绿色GDP的环境核算虽然困难，但在发达国家还是取得了很大成绩，如挪威、芬兰。实施绿色GDP的国家还有很多，主要是欧美发达国家，如法国、美国等。绿色GDP意味着观念的深刻转变，意味着全新的发展观与政绩观。[①]

生态文明与可持续发展二者在本质上是统一的，生态文明为可持续发展提供了实现路径。生态文明是"十七大"提出的新理念，"十八大"对其进行重点强调，"十九大"报告则对生态文明建设进行了完整科学的阐述并规划了建设路线。科学发展观强调：发展是第一要务，如何正确处理推动经济发展的物质文明建设与经济发展所造成生态破坏、环境污染等生态不文

---

[①] 国家环保总局，国家统计局：《中国绿色国民经济核算研究报告2004》，2006年。

明问题之间的矛盾，成为全世界所关注的重要命题。1972年，罗马俱乐部发表的《增长的极限》报告中指出，人口和经济增长，必然耗尽世界上不可再生资源，同时污染环境，威胁人类生存。20世纪80年代，社会学家里夫金和霍华德的《熵：一种新的世界观》，以深邃的思想告知我们能源资源耗费将不可逆转。工业文明的破坏性已经被西方发展现实所证明，我们现在从生态文明的高度审视该问题，强调生态文明，对于我国这样一个快速发展中的大国，尤为重要和关键。①

生态文明的含义可以从广义和狭义两个角度来理解。从广义角度来看，生态文明是人类社会继原始文明、农业文明、工业文明后的新型文明形态。它以人与自然协调发展作为行为准则，建立健康有序的生态机制，实现经济、社会、自然环境的可持续发展。这种文明形态表现在物质、精神、政治等各个领域，体现人类取得的物质、精神、制度成果的总和。从狭义角度来看，生态文明是与物质文明、政治文明和精神文明相并列的现实文明形式之一，着重强调人类在处理与自然关系时所达到的文明程度。它是对人类长期以来主导人类社会的物质文明的反思，是对人与自然关系历史的总结和升华。其内涵具体包括以下几个方面：

一是人与自然和谐的文化价值观。形成符合自然生态法则的文化价值需求，体悟自然是人类生命的依托，自然的消亡必然导致人类生命系统的消亡，尊重生命、爱护生命并不是人类对其他生命存在物的施舍，而是人类自身进步的需要，尊重自然、顺应自然与自然万物和谐共生。

①刘志迎：《生态文明和安徽经济发展》，《绿色视野》，2008年刊首语。

二是生态系统可持续前提下的生产观。遵循生态系统是有限的、有弹性的和不可完全预测的原则，人类的生产劳动要节约和综合利用自然资源，形成生态化的产业体系，使生态产业成为经济增长的主要源泉。物质产品的生产，在原料开采、制造、使用至废弃的整个生命周期中，对资源和能源的消耗最少、对环境影响最小、再生循环利用率最高。

三是满足自身需要又不损害自然的消费观。提倡"有限福祉"的生活方式。人们的追求不再是对物质财富的过度享受，而是一种既满足自身需要，又不损害自然，既满足当代人的需要，又不损害后代人需要的生活。这种公平和共享的道德，成为人与自然、人与人之间和谐发展的规范。

生态文明以尊重和维护生态环境为出发点，强调人与自然、人与人以及经济与社会的协调发展，以可持续发展为依托，以生产发展、生活富裕、生态良好为基本原则，以人的全面发展为最终目标。建设生态文明必须以科学发展观为指导，从思想意识上实现三大转变：必须从传统的"向自然宣战""征服自然"等理念，向树立"人与自然和谐相处"的理念转变；必须从粗放型的以过度消耗资源破坏环境为代价的增长模式，向增强可持续发展能力，实现经济社会又好又快发展的模式转变；必须从增长简单地等同于发展的观念、重物轻人的发展观念，向以人的全面发展为核心的发展理念转变。

### 五、政府职能理论

资源型产业转型需要政府的合理引导，有必要关注政府职能问题。政府职能基本理论，是政府进行科学的职能设置的前提，也是政府正确履行职能的关键。政府职能基本理论分成西方政府职能基本理论和马克思主义政府职能基本理论。大体上来说，西方政府职能基本理论是从自然法和社会契约论的角度来阐述、分析和归置政府的基本职能的；而马克思主义政府职能基本理论是从社会分工、生产力和生产关系、经济基础和上层建筑的角度来阐述、分析和归置政府的基本职能的。[①]

西方政府理论主要经历了守夜型政府、划桨型政府、掌舵型政府和服务型政府，区分在于是否干预经济发展以及干预的程度，与西方国家经济发展历史高度契合。马克思主义政府职能论包括政府职能有限论、两重论、正负作用论和权变论等，分别从政府职能的范围、层次、性质和变迁的角度进行论证。

党的"十五大"以来，随着我国社会主义市场经济体制的初步建立和完善，随着我国加入世界贸易组织，我国政府职能理论的丰富与发展进入一个飞速发展期。可以把我国政府职能的转变界定为三个方面：即政府职能总量的调适变化、政府职能结构的调整和政府职能实现手段的变化。进而又把这三个方面分解为政府与企业、政府与市场、政府与社会、经济政策工具和政府机构改革这样五个变量。我国政府职能的转变，从政府职能总量的调适变化来看，即在调整政府与市场、政府与企业、政府与社会诸多关系中合理确定政府职能的界限和范围；从政府职能结构的调整来看，既包括政治职能、经济职能和社会职能之间的相互调适，以促进社会经济发展，实现社会公正，又包括中央政府和地方政府之间各项职能的划分和配置；从政府职能实现方式的转变来看，即以何种手段，包括行政手段、经济手段、法律手段，直接调控、间接调控等方式，管理

---

[①]童颖华，刘武根：《国内外政府职能基本理论研究综述》，《江西师范大学学报(哲学社会科学版)》，2007年第3期，第21—25页。

公共事务。

不论是资本主义国家，还是社会主义国家，政府对于经济的干预都是一直存在的值得探讨的话题。要不要干预，如何干预，干预的程度如何把握等问题是争论的焦点。改革开放以来，马克思主义经济学在中国的经济实践中完善、发展、本土化，形成有中国特色的社会主义经济学。与"西方经济学"相比较，市场的基本职能没有变化，而政府对于经济的干预价值出发点发生了本质变化，因此，我们强调的是因地制宜，一切从实际出发，维护人民群众的根本利益，引导企业合理合规发展，"效率优先"达到一定程度后，"兼顾公平"就要给予更多的倾斜，这与资本主义政府职能中的目标有本质差别。

"十四五"时期经济社会发展主要目标之一就是国家治理效能得到新提升。我国目前提出的"有为政府"建设中的转变职能，本质就是优化政府职能，更适应市场需要，权责利明确，产权明晰，避免无效、低效等行政干预，实现依法行政、政务公开，做真正意义的人民的政府，服务人民。

## 六、人力资本理论

人力资本是指体现在劳动者身上的具有经济价值的知识、技能和体力（健康状况）等因素之和。20世纪60年代，美国经济学家舒尔茨和贝克尔创立人力资本理论，开辟了关于人类生产能力的崭新思路，他们认为，人力资本的积累是社会经济增长的源泉，教育、培训等是使个人收入的社会分配趋于平等的因素。人力资本理论突破了传统理论中物质资本的单一，用以解释二战后以及整个20世纪60年代资本主义世界经济高速发展。互联网时代，"人"作为一种生产要素，发挥的作用更为明显，加上作为载体的"人"的灵活性直接导致人力要素的不稳定性和不可控性。当代人力资本理论将人力资本尤其是人才放在要素的重要地位，人力资本是技术、管理、制度等的载体和实施者，是一种收益递增的资本。[1]人力资本是经济增长和创新的源泉。2021年9月，中央人才工作会议召开，明确指出人才是衡量一个国家综合国力的重要指标。人才培养和使用机制的完善是国家战略人才制度的重要内容。

美籍奥地利政治经济学家熊彼特最先意识到人力资本对科技创新和技术进步的重要作用。他特别强调企业家在科技创新和技术进步中的地位和作用，认为正是企业家作为生产要素新组合的主要组织者，通过对要素进行重新配置形成创新行为，推动着经济发展。因此研究产业转型，涉及要素配置和技术创新，必须研究人力资本的作用。人力资本和创新存在密切关系，不仅有理论基础也有实证论述。从人力资本尤其是高质量人才的角度来论证二者之间的关系，在后文的实证中有进一步说明。

人力资源的基本特点包括能动性、两重性、时效性、社会性、再生性、连续性。从宏观角度讲，也就是从国家战略出发，一国的人力资源的目标与战略的设计应以国家发展的目标与战略为蓝本，并配合未来整体目标的实现。我们常说的人力资源管理一般是微观层面的，即根据企业发展战略的要求，有计划地对人力资源进行合理配置，通过对企业中员工的招聘、培训、使用、考核、激励、调整等一系列过程，调动员工的积极性，发挥员工的潜能，为企业创造价值，给企业带来效益。确保企业战略目标的实现，是企业一系列人力资源政策以及相应的管理活动。国家层面的人才发展战略与企业人力资源管理

①西奥多·舒尔茨:《对人进行投资》，北京:商务印书馆,2020年版。

不矛盾，企业对于人才的需求正是建立在国家整体发展规划基础之上的，同时也属于企业人力资源管理环境分析中的外部环境分析。具体来说，国家政治环境包括国家或地区的政治制度、体制、方针政策、法律法规等方面，这些因素会制约并影响企业的经营行为和人力资源管理行为，尤其是影响企业较长期的投资行为和人力资源战略。[1]

人力资源管理发展中的外包形式值得一提。所谓外包，是指企业通过与外部的业务承包商签订合同，让它们为企业提供某种产品或者服务，而不是在本企业内部使用自己的雇员来生产这种产品或提供服务。人力资源外包，是各种外包现象中的一种。截至目前，人力资源外包迅猛发展，这种人力资源管理的新形式已经成为企业提高人力资源管理水平的有效途径，成为企业发展的一种重要策略工具。通过培训业务的外包，将员工、企业和培训专营机构结合在一起，共同承担员工培训的成本或风险，可以使培训工作走出低谷。一种重要的培训外包方式是借用专业咨询公司的培训力量或者高等学校的教育资源。这就为产教融合提供了发展路径。

由于人力资本是蕴涵在人这一载体中，是生产力的推动者，是生产关系的主导，存在诸多不确定因素和情感成分，涉及社会学、伦理学、心理学等综合学科，人的因素容易产生两面性，既是推动经济进步的主要动力，也可能产生反面作用。因为研究人力资本理论，重视"人"的要素，尤其是新科技革命下"人才""高科技人才"的作用较以往的工业革命所起的推动作用更强。

---

[1] 赵曙明：《人力资源战略与规划》（第5版），北京：中国人民大学出版社，2021年版。

## 七、交易成本理论

交易成本理论（Transaction Cost Theory），也称交易费用理论。交易成本理论是用比较制度分析方法研究经济组织制度的理论，它是英国经济学家罗纳德·哈里·科斯（R.H.Coase）1937年在其重要论文《论企业的性质》中提出来的。它的基本思路是：围绕交易费用节约这一中心，把交易作为分析单位，找出区分不同交易的特征因素，然后分析什么样的交易应该用什么样的体制组织来协调。所谓交易费用是指企业用于寻找交易对象、订立合同、执行交易、洽谈交易、监督交易等方面的费用与支出，主要由搜索成本、谈判成本、签约成本与监督成本构成。企业运用收购、兼并、重组等资本运营方式，可以将市场内部化，消除由于市场的不确定性所带来的风险，从而降低交易费用。科斯的这一思想为产权理论奠定了坚实的基础。在科斯之后，威廉姆森（Williamson）等许多经济学家又进一步对交易费用理论进行了发展和完善。威廉姆森（Williamson）将交易费用分为事前的交易费用和事后的交易费用。他认为，事前的交易费用是指由于将来的情况不确定，需要事先规定交易各方的权利、责任和义务，在明确这些权利、责任和义务的过程中就要花费成本和代价，而这种成本和代价高低与交易各方的产权结构的明晰度有关；事后的交易费用是指交易发生以后的成本。"有限理性""机会主义"和"资产专用性"，共同决定了交易成本的存在。更为具体来看，交易成本可以分为"事前"（签约前）的交易成本和"事后"（签约后）的交易成本。未来是不确定的，人们由于"有限理性"，不可能在签约前完全预期到未来发生的一切，因此为了防止对方的"机会主义"行为，尤其是在签约后利用"资产专用性"进行敲诈的可能性，缔约的双方需要在签约前详细考察对方，仔细界定各自的权、责、利。显然，在此过程中会付出很大的成本，这就是所谓的"事前交易成本"。尽管人们可能在签约前做很多努力，以防止签约后的不便，但由于"有限理性"的存在，人们在一纸契约里不可能把各方面的可能情况都包括进去，这就给签约后双方可能的矛盾埋下了伏笔。在签约后，缔约双方需要用各种方式维护契约，当然也可能会出于种种原因要求变更契约、解除契约，在这些过程中，发生的成本就是"事后交易成本"。

交易成本也可以拓展到用于解释产业集群现象。产业集群的形成是专业化分工产生的报酬递增的一种空间表现形式，是一个劳动分工深化、交易效率提高的过程。产业集群的配套化极大地降低了包括交易成本在内的各项成本，产业转移的驱动力中也有交易成本起作用。由此，讨论产业体系必不可少地要对交易成本进行研究。交易成本的存在和高低是企业做出决策的重要考量点，从成本收益角度出发，企业规模的边界、企业选址、产业配套等问题都涉及交易成本。

制度性交易成本是指因政府的各种制度工具所带来的成本，可以简单地理解为企业在遵循政府制定的一系列规章制度时所需付出的成本，例如各种税费、融资成本、交易成本等都属于制度性成本。制度性交易成本是企业盈利所需面临的主要关卡，特别是对于新兴产业及小微企业来说，经营之初的高税费压力以及融资难、融资贵等问题经常会拖累企业发展的脚步。探讨制度性交易成本问题有助于转变政府职能，提高国家治理能力。降低制度性交易成本是我国供给侧改革的目标之一。

## 第二节　资源型产业转型的战略意义

　　"资源"是指不同级别、不同层次的自然资源及其产品。"自然资源"是指可利用的自然物质，它们通常来自岩石圈、水圈、大气圈和生物圈。来自岩石圈的资源可称为"矿产资源"，其价值一般可用经济可采储量计量。资源需要配置，资源只有实现了高效利用和合理配置，才能发挥作为财富源泉的作用。资源的内涵是一个不断发展变化的概念，人类社会的不同发展阶段，人类对资源开发与利用的侧重点有所不同。农业社会是以土地资源的开发为主导，工业社会是以森林、矿产资源的开发为中心，信息社会知识经济社会则以知识信息等智力资源的开发为重点。农业社会与工业社会着重于硬性资源的综合开发，而信息社会则更注重于软性资源的高效利用。[①]

　　资源型产业是资源经济活动的载体，是从事资源的生产、再生产等经济活动的产业。资源产业经济就是研究从事自然资源的调查、勘查、开发、保护和再生产的产业部门内和产业部门间的经济行为。资源型产业集群主要是依托特定自然资源（如煤炭、石油、矿石）发展起来的，单一的产业结构和简单的供应链形式决定了低程度的多样性和活力缺乏是其先天不足，互补性、网络性的集群特征很难在资源型产业集群得到充分体现，而专业性的特点表现得过于突出。资源型城市建立初期，过度追求资源产品数量导致绝大多数资源型城市的产业结构单一，第二产业占较大比重，第一、第三产业发展滞后，并且服

---

①刘剑平：《我国资源型城市转型与可持续发展研究》，博士论文，2007年。

务业发展的缓慢，导致物流、金融等行业的发展速度满足不了城市发展的需要，缺少配套体系。

资源型产业是指以自然资源开发利用为基础和依托的产业，有广义和狭义之分。广义上来讲，资源性产业指的是与自然资源相关的一切经济活动，是全部的生产和再生产活动的集合，包含资源产业链的所有环节。狭义概念仅包括资源产业链的上游环节，如资源测绘、勘探、开采等。鉴于本书主要分析资源型产业集群的发展，我们使用广义概念，把资源产业链的所有环节都纳入研究范畴。本书主要研究资源型产业的可持续发展问题，因此进一步把耗竭性、不可再生的矿产资源作为研究对象。

资源型产业的发展是由当地的资源储量和现实经济状况共同决定的。由于过分依赖当地储量丰富的各类资源，导致产业结构单一。经济基础决定上层建筑。长期的单一产业结构会引发一系列其他社会问题。目前经济发展进入新常态，资源型行业产能过剩和结构不合理问题成了关注的重点，国际能源格局的变动也深刻影响着资源型产业的转型和发展。

我国资源型产业有其鲜明的特点，从一个独特的角度对资源型产业入手，研究资源型产业的演进规律和相应的调整政策。这一研究融合了产业经济学、区域经济学、循环经济学、税收经济以及地理科学的成果，对于多学科融合交流和促进学科发展具有重大意义。我国资源型产业市场发育方面的缺陷直接影响了众多资源型企业的运行及所在城市的发展，特别是资源产品处于各"产业链"的上游，势必会影响到其他产业和整个社会企业的良性发展。因此，对资源型产业演进进行系统研究，探寻出产业结构的优化模式，对于可持续发展和产业升级意义重大。

## 一、经济转型和产业可持续发展的关系

我国正处于经济转型时期，而经济转型研究涉及体制转轨、产业结构调整、可持续发展等一系列问题，这些问题都可以在资源型产业发展中找到样本，从而丰富经济转型理论和实践的研究内容。转型以资源型产业可持续发展为目的，涵盖了经济、社会、生态各方面，与我们提倡的以人为本的高质量发展是共通的。国家的发展理念已经全面升级，坚持以人民为中心的发展思想，需要诉诸行动，从产业转型升级角度来看，重视民生，提高人民生活的质量，建设现代产业体系，使产品生产结构与人民需求契合，产业科技含量跟得上时代要求，实现的背后动力是产业发展理念、模式和路径全面升级，以人民美好生活为产业体系升级的价值取向，实现产业全新价值，发挥和谐共生共促作用。适合新发展理念的产业体系构建，是经济转型、城市建设的重要途径。

### （一）经济转型的契机

经济转型是指一个国家或地区的经济结构和经济制度在一定时期内发生的根本变化。具体地讲，经济转型是经济体制的更新，是经济增长方式的转变，是经济结构的提升，是支柱产业的替换，是国民经济体制和结构发生的一个由量变到质变的过程。经济转型不是社会主义社会特有的现象，任何一个国家在实现现代化的过程中都会面临经济转型的问题。即使是市场经济体制完善、经济非常发达的西方国家，其经济体制和经济结构也并非尽善尽美，也存在着现存经济制度向更合理、更完善经济制度转型的过程，也存在着从某种经济结构向另一种经

济结构过渡的过程。

经济转型按转型的状态划分为体制转型和结构转型。体制转型指从高度集中的计划再分配经济体制向市场经济体制转型。体制转型的目的是在一段时间内完成制度创新，我国已经成功实现。结构转型是指从农业的、乡村的、封闭的传统社会向工业的、城镇的、开放的现代社会转型。结构转型的目的是实现经济增长方式的转变，从而在转型过程中改变一个国家和地区在世界和区域经济体系中的地位。经济结构包括产业结构、技术结构、市场结构、供求结构、企业组织结构和区域布局结构，等等。因此，结构转型又包括产业结构调整、技术结构调整、产品结构调整和区域布局结构调整等。有的学者把经济转型的状态分为四类：经济体制转型、发展战略转型、经济增长方式转型、经济结构转型等。很明显，产业转型是经济转型中的重要组成部分。

下面将"经济转型"概念的出现、发展和完善升级过程进行梳理。

### 表1-2 "经济转型"主要时间线梳理

| |
| --- |
| 首次：2001年5月，辽宁阜新市在全市第九次党代会中明确提出：以经济转型为主线加快发展 |
| 改革开放以来至2010年：出口导向型战略 |
| 社会主义市场经济体制：社会经济制度的创新和社会秩序的确立 |
| "十一五"规划：扩大内需 |
| "十三五"规划：实施双创驱动和促进有效消费，供给侧结构性改革 |
| "十四五"规划：推动高质量发展，实施高质量创新导向的工业化战略 |
| 资料来源：根据各阶段政府经济发展规划整理而来 |

（二）产业协同式发展

产业协同的本质是产业链协同。在产业转型升级的探索发展过程中，产业集群和产业转移都是有效途径。产业结构升级的趋势是形成产业空间集聚，区域内部形成良好的产业合作和分工；当产业集聚发展到一定程度，形成有力的产业集群，吸引更多相关产业，壮大产业规模，提升产业等级；这种区域产业分工推动了产业转移，在不同地区产业发展形成了梯度，存在发展时间上的差距，在经济学资源最优化和成本最低化动力的驱动下，发生空间上的位移，地区间发生产业转移，整体上来看则是区域内的产业分工和合作。

产业集聚成为地区经济发展和产业升级的共识。以产业集聚的形式吸引较为发达地区或国家的产业转移，一方面可避免盲目性，选择符合规划的企业落户当地；另一方面也能借关联企业聚集的规模经济和范围经济增加对发达地区产业转移的吸引力。产业集聚延伸了产业链，并与城镇化发展产生良性互动，还加快了现代流通、电信服务等生产型服务业的延伸拓展，明显地催生出劳动力集聚、服务集聚和消费集聚的共生效应。这种良好的效应为承接产业转移提供了基础，也增加了当地产业发展的机会。

产业转型不是完全摒弃原有产业。充分利用、挖掘原有产业的基础与优势，提升产业整合的有效度，与接续产业实现互补式对接，延长产业链条，形成新老结合的良性产业集群，避免陷入单一的投资拉动型经济发展路径；另一方面，要不断集聚新动能发展的各类要素与资源禀赋，培育更多的新产业、新业态、新模式，以新动能优化经济结构，实现资源型地区产业结构的接续性升级，尤其在数字经济时代，合理、高效利用云计算、大数据、物联网、空间信息等产业技术制高点，推动资源型地区生产方式向柔性、智能、精细转变。

产业链是中国学者提出来的概念，思想来源于亚当·斯密的分工理论，其实质就是不同产业的企业之间的关联，而这种产业关联的实质则是各产业中的企业之间的供给与需求的关系。产业链中存在着上下游关系和大量的相互价值的交换，上游环节向下游环节输送产品或服务，下游环节向上游环节反馈信息。在产业创新系统中，企业处于中心位置，企业与企业之间以及企业与其他创新活动主体之间存在着互动关系。但这些互动关系受产业创新环境的影响和制约。产业链是建立在波特价值链基础上的、由不同产业的企业所构成的一种空间组织形式，并具有独特的价值增值功能。

### 表1-3 产业链与产业转型相关文献

| 年份 | 学者 | 主要观点 | 关键词 | 行业 |
|---|---|---|---|---|
| 2021 | 尹华,余昊和谢庆 | 强链:提质降本;补链:弥补核心零部件短板;延链:开发工业互联信息服务 | 微笑曲线,价值链,转型升级 | 智能制造业 |
| 2021 | 高理翔,苑鹏飞 | 我国制造业整体在全球价值链中参与度持续增加;技术密集型制造业生产长度要高于劳动密集型 | 全球价值链核算理论 | 制造业 |
| 2015 | 刘志迎 | 以产业链为主线,以企业为主体,产学研有效结合,充分运用"链合创新""竞合创新"和"产学研合作创新"等协同创新模式 | 产业链,协同创新,自主开放 | 汽车制造业 |
| 2021 | 苟文峰 | 好产业生态与人才生态的协同融合、产业链与人才链的精准匹配 | 产业链现代化 | 重庆市战略新兴产业和服务业 |

续表

| 年份 | 学者 | 主要观点 | 关键词 | 行业 |
|------|------|----------|--------|------|
| 2014 | 姜长云 | 要培育充满活力、富有竞争力和创新能力的新型农业经营主体;发展引领有效、支撑得力、网络发展的农业生产性服务业;形成分工协作、优势互补、链接高效的现代农业产业组织体系 | 农业产业链、价值链转型升级 | 农业 |
| 2008 | 程宏伟,冯茜颖和张永海 | 产业链整合是产业链演化的重要途径。纵向、横向、侧向的三维整合路径实现了产业链由点到线、由线到面、由面到网的演化突破。作为产业链整合主体的企业,通过资本与知识驱动可以拓展资源空间,扩大企业边界,为获得持续竞争优势提供更广义的资源基础 | 产业链整合 | 攀钢钒钛产业链 |

资料来源:根据相关文献整理而来

通过对产业链研究的相关文献进行梳理,可以得出,产业转型升级的关键在于对产业链各个环节的创新升级。同时,对于不同的行业,产业转型升级的关键点也会有所差别,需要因行业、因企业制宜,选择适当的转型方式。产业链是一个包含价值链、企业链、供需链和空间链4个维度的综合性概念。这4个维度在相互对接的均衡过程中形成了产业链这种"对接机制",是产业链形成的内模式,作为一种客观规律,它像一只"无形之手"调控着产业链的形成。通过在产业链的不同环节间对流程、价格、信息等一系列要素的合理设置,实现产业链的高效运转。在没有承接产业转移条件的地区,产业协同发展是最有效的产业转型路径。

(三)正确处理自然资源和经济发展之间的关系

自然资源环境与社会经济发展之间的关系十分密切。一方面环境是经济和社会发展的重要约束条件，另一方面，社会经济发展对环境的需求和改善也有十分重要的意义。正确处理和协调好二者的关系，摆正自然资源在经济发展中的位置，对于我们确定经济发展规划，搞好经济建设，促进社会进步，无疑具有十分重要的指导作用和现实意义。产业革命促进了工业化进程及生产力要素的变革，大大推动了经济发展，创造了前所未有的生产力。但是，高消耗、高污染的粗放发展模式带来了一系列灾难性后果。如何协调经济和资源环境，使其相互支持，促进整个系统可持续发展是需要我们持续关注和研究的课题，对经济迅速发展尤为重要。

资源是人类社会存在和发展的物质基础。经济活动是人类开发利用自然资源以满足物质和文化需要的活动，它以自然资源为物质基础和劳动对象，能源和土地、水、森林、矿产等资源是人类立足生存之本和发展进步的源泉。经济的发展是资源满足人们需求的体现，资源承载能力是决定经济发展水平的基本要素。随着经济增长，人口持续增加，生活水平不断提高，人类对资源的需求消耗一直呈上升趋势。由于大部分资源的有限性和不可再生性，如果继续沿袭高消耗的发展模式，资源的可采储量将不断减少，资源的持续供给能力下降，将严重危及人类生存和发展的持续。

环境为经济发展提供空间支持。环境是各种生物存在和发展的空间，是资源的载体；环境接受来自经济体生产加工过程和人类生活的废弃物，并将其净化处理，是资源承载能力和经济生产能力以及人类生活的重要保障。当经济增长过快，使得环境所接受的废弃物的种类和数量超过其自净能力后，环境质量将急剧降低，影响到资源的存量水平和质量水平，导致资源破坏、环境污染乃至生态系统的恶性循环，使生产效率、人类健康以及未来发展机会蒙受损失，反过来阻碍社会经济的健康发展。

经济发展是资源环境和经济协调可持续发展的保障。尽管在经济和资源环境的关系中，我们更多地看到经济体对资源的索取和对环境的排放，但同时经济体又以其物质再生产功能为资源环境的持续发展和完善提供物质和资金支持。当经济发展到一定程度，才能有更多的资金投入资源开发，不断提高资源利用率，促进培育可再生资源和寻找开发非再生资源，提高资源的可开采量；也只有当经济不断发展，才能够不断提高环保投资和环境改造技术水平，提高环境承载力。

资源环境与经济处于相互依赖相互影响的统一整体之中，只有当资源环境和经济系统之间和谐一致，协调发展，才能建立一种良性循环，实现整个经济社会的可持续发展。而资源环境与经济发展能否相互协调、相互促进，取决于经济体对资源的开发保护和对污染的控制与经济体对资源的消耗和对环境的污染之间的角力，这两种影响的综合作用决定了今后经济持续发展所能够依赖的资源环境基础。

在最初的发展中，自然资源是带来经济发展的唯一动力，随着科技进步和生态意识产生，率先进入工业社会的国家开始遭受自然资源不计后果开发后的恶果。英国是第一个工业化国家，第一个城市化占主导地位的国家，也是发明现代污染观念的国家。在英国工业革命中，煤炭是最为重要的能源，如果说蒸汽机直接提供了工业动力的话，那么煤炭就是蒸汽机的直接能源。所以，美国历史学家约翰·R.麦克尼尔就说过，到1820年，蒸汽机被应用于轮船和机车，产生了蒸汽船和铁路。所有这些变化都依赖于煤所提供的能源。就像历史学家所说,单单是煤炭的存在,或是蒸汽机的存在,都不足以让英国成为19世纪世界上最富有、污染最严重的国家,但它们结合在一起,却改变了一切。随着工厂主用蒸汽机取代了畜力和水力,各行各业对煤炭的需求迅猛上升,并且持续增加。在工业革命中,继棉纺织业之后,钢铁业也获得突飞猛进的发展,但是作为重工业的钢铁业对环境的破坏也相当严重。钢铁业的发展直接导致了对森林的大肆砍伐。历史学家保尔·芒图说,每一冶炼厂的四周都对树木进行过大规模的砍伐,钢铁工业的发展,以过分砍伐和最终毁灭森林为其不可避免的结果。炼铁厂在沃里克郡、斯塔福德郡、赫里福德郡、伍斯特郡、蒙默思郡、格洛斯特郡和萨洛普郡的森林中所造成的损害是不可想象的。而这样的破坏直接带来了生态环境的恶化,在英国,大片的森林早已不复存在,人造林的面积也特别小,直至今日,英国的郊外依然是草多树少。即使在城市,由于浓烟滚滚,也影响了植物的生长。①

(四)正视粗放型经济增长方式的转变

粗放型经济增长方式是指主要依靠增加生产要素的投入,即增加投资、扩大厂房、增加劳动投入,来增加产量,这种经济增长方式又称外延型增长方式。其基本特征是依靠增加生产要素量的投入来扩大生产规模,实现经济增长。这种方式实现经济增长,消耗较高,成本较高,产品质量难以提高,经济效益较低。粗放型经济是与集约型经济相对的。集约型经济增长方式是指在生产规模不变的基础上,采用新技术、新工艺,改进机器设备、加大科技含量的方式来增加产量,这种经济增长

①刘军:《中国国家历史》,北京:东方出版社,2019年版。

方式又称内涵型增长方式，其基本特征是依靠提高生产要素的质量和利用效率，来实现经济增长。以这种方式实现经济增长，消耗较低，成本较低，产品质量能不断提高，经济效益较高。

在国际竞争中，粗放型增长的国家依托廉价的劳动力和自然资源，吸引国际投资流入本国，生产服务于世界市场而非本国市场的产品，从而弥补本国资本投资的不足，促进出口贸易，推动有效需求增加，从而拉动经济增长。这种增长方式单位产品消耗资源大，收益小，价格低，结构工艺落后，污染严重，对一国自然环境可持续发展造成严重威胁。

从大多数国家的经济发展历史看，工业化从粗放型增长方式起步是一个共同现象。在工业化的初期，由于发展理念、技术限制、实力差距等因素，企业总是倾向于大量使用廉价的资源，最大限度地扩大生产规模，尽快进行资本积累。因此，高投入、高消耗、追求高增长率和大规模生产，是这一阶段工业增长的显著特点。而在发展中国家的工业化初期，除了上述特点外，往往还表现出以直接模仿方式，从低端产业或低端产业环节进入获得成熟工业技术、因循发达国家的工业技术路线，以及对资源的高度依赖等特点。

钱纳里利用第二次世界大战后发展中国家，特别是其中的9个准工业化国家（地区）1960年至1980年间的历史资料，建立了多国模型，利用回归方程建立了GDP市场占有率模型，即提出了标准产业结构。即根据人均国内生产总值，将不发达经济到成熟工业经济整个变化过程划分为3个阶段6个时期，从任何一个发展阶段向更高一个阶段的跃进都是通过产业结构转化来推动的。工业的一项重要职能是为其他生产部门提供生产手段，单纯以工业增加值占GDP的比重这一指标衡量工业发展的好与坏、强与弱并不科学。工业是否强大，主要是看工业发展对其他产业发展支撑力的大小。钱纳里工业阶段划分是一个具备一定参考价值的标准，并不能适用所有的国家。具体的工业化进程和特点必须根据国家经济产业发展的具体情况进行综合考虑。

通过整理，将普遍认可的工业化进程情况总结如下。

表1-4　工业化进程的主要表现

| 主导产业 | 阶段 | 主要特征 | 资源意识 |
|---|---|---|---|
| 农业 | 不发达阶段 | 农产品为主 | 资源尚未开发 |
| 劳动密集型产业 | 工业化初期 | 初级工业产品 | 无节约意识 |
| 资本密集型产业 | 工业化中期 | 重工业为主 | 资源高损耗 |
| 第三产业 | 工业化后期 | 新兴服务业全面兴起 | 资源保护意识 |
| 技术密集型产业 | 后工业化阶段 | 智能制造业 | 低碳经济 |
| 知识密集型产业 | 现代化阶段 | 信息技术产业群 | 信息化资源 |

资料来源：钱纳里工业化阶段理论

作为一个发展中国家，中国的工业化进程也必然具有类似于一般发展中国家的某些共性。中国改革开放以来的加速经济增长是从解放思想开始的。由于思想的解放，确立了实事求是的思想路线，在经济领域中意识形态的最大变化是确立了追求收入、利润、财富的正当性。于是，"发展是硬道理""时间就是金钱""企业利润最大化""效率优先"成为基本的经济行为理念，从而给经济主体注入了极大的发展欲望和内在动力，使中国的改革开放和工业化充满强大的活力。随着经济体制改革的推进，市场经济体制逐步代替了计划经济体制，经济主体从被动接受计划指令转变为极为迫切地寻找和争取到自己的市场生存空间和发展领域。对国家的"等、靠、要"意识转变为自己负责、自我发展的意识，求成求富求业绩的进取心成为经济增长的原动力。于是，个人、企业和政府都进入"短线竞争"状态，即力图在比较短的时期内改变贫困状态，以短期内可以见效的手段争取市场竞争中的优势地位，整个社会充满着尽快"初见成效"和"大见成效"的迫切心情，希望"有水快流"式地达到立竿见影式的成就。因此，"血拼"式竞争和政府直接参与的地区竞赛成为20多年来中国经济发展的两大显著特点。在市场机制调节的竞争中，利用"比较优势"和顺应"适者生存，优胜劣汰"的法则是最基本的行为表现。在我国当前的工业化阶段，如果没有限制地利用"比较优势"，把"优势"发挥到极端，适应血拼式竞争者方可生存，那么，粗放式增长方式就是必然的选择。短期内的"业绩"是显著的，但代价也是相当大的。[①]

在很长一段时间的发展过程中，中国的经济竞争不仅是企业间竞争，更大程度上是政府直接参与的地区间竞争。地区间竞争的基本规律是，"最大限度利用不可流动的要素（降低价格）去吸纳可流动要素"。不可流动的要素主要是：税收、基础设施、土地、自然资源、生态环境等。可流动的要素主要是：资本、企业家、技术等，在地区间，劳动力流动性也较强。值得注意的是，不可流动要素的"价格"通常是由政府决定的，至少是受政府直接干预的，当政府成为地区间竞争的重要参与者时，各地区间不可流动要素竞相降价的血拼式竞争就成为普遍现象，突出地表现为减税优惠、低地价、低价资源、低劳动

---

[①]金碚:《科学发展观与经济增长方式转变》,《中国工业经济》,2006年第5期,第5—14页。

保障、低环保标准。这样，当地区成为竞争主体时（其表现是地区间的 GDP 竞赛、"地区或城市竞争力"竞赛，或"率先"竞赛），就不可避免地加剧以低价格要素大量投入为基本特点的经济增长的粗放性。

几乎任何国家的工业化都经历过粗放式增长的阶段。在一定的经济技术条件下，粗放式增长有其存在的"合理性"，粗放式增长可以利用低价格资源获得产品的成本价格优势。利用低价格的资源对于使用者可以提高其竞争力，而对于资源的供应者则是需求的来源。由一定时期的技术条件所决定，当资源物质的机会成本很低时，大量使用资源，具有短期的经济合理性。资源物质的价值是随着工业的发展而提高的，没有工业发展，地球上的任何物质都不是高价值的资源。开发技术的昂贵性和耗时性，甚至一定时期内的技术不可得性，使得在一定时期内"用资源替代技术"，成为获得竞争力的手段。技术的进步依赖于工业的发展和资金的积累，而工业的发展和资金的积累，需要有资源的消费。从这一意义上说，短期的消耗资源是将来高效率利用资源的基础。所以，如果某种资源在消耗枯竭之前就可以发现或发明更经济的替代资源，则尽量使用该种资源以获得竞争力优势就成为一种理性行为。粗放式增长尽管在一定的历史时期具有存在的理由，但为了工业竞争力而付出更多的资源和环境代价，毕竟是工业发展的低级阶段的特征。如果不能实现向高级阶段的转变，在经济和技术条件已经具备，或者经过努力已经可以达到时，仍然采用浪费资源和破坏环境的方式来进行生产，则是没有前途的，而且也背离了经济发展所要达到的目标。

（五）要素禀赋转变

生产要素指进行物质生产所必需的一切要素及其环境条件。一般而言，生产要素至少包括人的要素、物的要素及其结合因素。生产要素禀赋论（Factor Endowment Theory）是用各国生产要素丰裕程度的差异解释国际分工的原因和结构的理论。各种产品的生产是生产要素的有机结合。伴随全球化经济发展，要素禀赋实现了全球流动。在当今科技迅猛进步下，要素的内涵和外延有了新的拓展，对于要素的新定义也带来了要素禀赋和区域经济发展主动力的一系列转变。

农业社会的要素以土地和劳动力为主，从历史来看，我国长期处于农业社会。工商业发展之后，资本成为新的要素。经济学中以哈罗德-多马模型为主的现代增长理论认为资本是经济增长的主要要素。各个国家的实践表明，经济增长的速度要快于要素投入增长的速度。有些增长是传统要素解释不了的，这个解释不了的部分，最早是由罗伯特·索洛发现的，因此也被称为"索洛残差"。最有影响的解释是"科技进步"，认为科学技术进步提高了全要素生产率。因此，科学技术作为一种要素逐渐浮出水面。经济学家安格斯·麦迪森说，技术进步不应该局限于机器制造上的进步，而应该包括管理、组织和农业耕作方面的创新。随着认识深化，技术进步的外延也在扩展。科学技术是第一生产力的论断也逐步成型。很长一段时间内，"劳动""土地""资本"和"技术"四要素论占据主导。大数据时代下，随着信息技术和人工智能的发展，"数据"催生了新产业模式，开始成为被社会认可的新要素。

2019年党的十九届四中全会上，在健全生产要素分配机制中首次增列了"数据"作为生产要素参与分配的机制。这一变化有利于完善我国基本经济制度，更好发挥制度优势，引导企业重视数据要素，推动数字经济发展。数据要素、数据要素市场与传统生产要素有着本质的区别。由大数据形成的数据要素，既来自个人衣食住行、医疗、社交等行为活动，又来自平台公司、政府、商业机构提供服务后的统计、收集等，往往难以确定数据要素的产权属性。尤其是物联网的产生使得数据更难确权，不利于数据要素的生产和流通。数据要素的特殊属性，要求加强数据资源的开放共享。数据越多价值越大，分享价值越大，不同价值越大，跨行业、区域、国界价值越大。因此，实施数据开放共享，优化治理基础数据库，不断完善数据权属界定、开放共享、交易流通等标准和措施，促使数据资产重复使用、多人共同使用、永久使用，加快推动各区域、部门间数据共享交换，显得十分必要。①

要素的转变直接导致区域经济发展动力的变革。从要素变化过程可以看出，要素种类增多，主导要素不断升级，从有形升级为无形。科技成为主导要素后，围绕科技、人才、制度、管理等关键要素成为推动经济发展的主要力量。在我国不同阶段的各类政府工作报告中，提高全要素生产率多次出现。单纯的要素驱动式发展是经济发展初级阶段对要素使用、认识方面的产物，近年来提出的创新驱动就是要素升级、理念更新后的新口号。

推动要素市场化是要素发挥作用的主要途径。生产要素市场有金融市场（资金市场）、劳动力市场、房地产市场、技术市场、信息市场、产权市场等。生产要素市场的培育和发展，是

①张永恒，郝寿义：《新常态下的要素禀赋变化与区域经济增长动力转换》，《江海学刊》，2017年第4期，第60—66页。

发挥市场在资源配置中的决定性作用的必要条件，是发展社会主义市场经济的必然要求。2020年4月9日，中共中央、国务院印发《关于构建更加完善的要素市场化配置体制机制的意见》。市场化改革的根本目的是提高资源配置效率，包括资本和劳动的单要素生产率和技术进步对应的全要素生产率。整合要素，以市场为导向是我国经济发展的根本规律。按照经济学要素配置，生产力和生产关系是相互作用的。过去的发展过于强调生产力的市场配置，忽视了生产关系对于生产力的反作用，生产关系的发展如果滞后于生产力就会出现资源配置低下的后果。生产力体现了人和自然的关系，生产关系则是生产力主导的人与人之间的关系。生产关系适应生产力是经济体制改革的重要内容。要素数量的多少是基础，要素如何分配是实现生产力的根本途径，在有限的要素数量前提下，实现合理分配是第一步，提高要素技术含量是更高级一步。改观对于要素的认识，拓展要素内涵外延，更加重视环境、政策、人才等因素建设。

资源型产业初期发展主要依靠资源要素的消耗，产业结构单一化，配套不齐全，这都成为转型的极大障碍。从要素发展理念上根本转变有助于推进资源型产业可持续发展。自然资源丰裕度对产业结构合理化和高度化均呈现显著的促进作用，但自然资源依赖度的影响则为负，表明"资源诅咒"实为"依赖型资源诅咒"而非"丰裕型资源诅咒"。由市场化配置的调节效应估计结果可知，市场化配置促进了自然资源丰裕度对产业结构转型的正向影响，并抑制了自然资源依赖度的负向影响。因此，市场化配置有助于将自然资源禀赋对产业发展的作用由"诅咒"转为"福音"。

## 二、可持续发展的战略意义

传统工业化进程中工业结构变化过程主要包括三个阶段：第一阶段，以轻工业为中心的发展阶段。像英国等欧洲发达国家的工业化过程是从纺织、粮食加工等轻工业起步的。第二阶段，以重化工业为中心的发展阶段。在这个阶段，化工、冶金、金属制品、电力等重化工业都有了很大发展，但发展最快的是化工、冶金等原材料工业。第三阶段，工业高加工度化的发展阶段。在重化工业发展阶段的后期，工业发展对原材料的依赖程度明显下降，机电工业的增长速度明显加快，这时对原材料的加工链条越来越长，零部件等中间产品在工业总产值中所占比重迅速增加，工业生产出现"迂回化"特点。加工度的提高，使产品的技术含量和附加值大大提高，而消耗的原材料并不成比例增长，所以工业发展对技术装备的依赖大大提高，深加工业、加工组装业成为工业内部最重要的产业。

以上三个阶段，反映了传统工业化进程中工业结构变化的一般情况，并不意味着每个国家、每个地区都完全按照这种顺序去发展。例如，中华人民共和国建立后，在特定的历史条件下，就是首先集中力量建立起一定的重工业基础，改革开放初期再回过来进行发展轻纺工业的"补课"，而现在则全力实施"新型工业化"道路。具体来说，就是坚持以信息化带动工业化，以工业化促进信息化，就是科技含量高、经济效益好、资源消耗低、环境污染少、人力资源优势得到充分发挥的工业化道路。

随着中国经济逐渐由高速增长阶段转向高质量发展阶段，包括理论界在内的社会各界对于可持续发展重要性的认识越发深刻，对于建立一套科学而又简约的可持续发展评价指标体系的需求也越发强烈和迫切。除了理论上的探索和创新之外，创新和完善可持续发展评价指标体系，其实践意义在于真正基于可监测、可衡量、可统计的原则，落实中央所确立的"创新、协调、绿色、开放、共享"五大发展理念，并以此作为指引未来中国经济社会发展，特别是作为各级政府开展绩效考核的指挥棒，以期彻底抛弃固守多年、单纯追求经济总量、以GDP规模与速度为核心的经济评价体系，实现由僵化追求单一的经济增长目标向构建全面综合、科学评判经济转型升级和可持续发展的指标体系转变。总之，我们希望通过这样一个贴近中国国情的评价指标体系对中国可持续发展进行动态监测和评估，能为中国更好地参与全球经济治理提供决策依据，为国家制定宏观经济政策和战略规划提供决策支持，为区域、行业、企业实现转型升级和可持续发展、健全绩效考核制度提供帮助，从而最终有助于推动经济高质量发展。

可持续发展的基本要求包括，以经济建设为中心，在推进经济发展的过程中，促进人与自然的和谐，重视解决人口、资源和环境问题，坚持经济、社会与生态环境的持续协调发展。充分发挥科技作为第一生产力和教育的先导性、全局性和基础性作用，加快科技创新步伐，大力发展各类教育，促进可持续发展战略与科教兴国战略的紧密结合。充分发挥政府、企业、社会组织和公众4方面的积极性，政府要加大投入，强化监管，发挥主导作用，提供良好的政策环境和公共服务，充分运用市场机制，调动企业、社会组织和公众参与可持续发展。加强对外开放与国际合作，参与经济全球化，利用国际、国内两个市场和两种资源，在更大空间范围内推进可持续发展。统筹规划，突出重点，分步实施；集中人力、物力和财力，选择重点领域和重点区域，进行突破，在此基础上，全面推进可持续发展战略的实施。

可持续体现在 4 个属性上，即自然属性、社会属性、经济属性和科技属性。就自然属性而言，它是寻求一种最佳的生态系统以支持生态的完整性和人类愿望的实现，使人类的生存环境得以持续；就社会属性而言，它是在生存于不超过维持生态系统涵容能力的情况下，改善人类的生活质量（或品质）；就经济属性而言，它是在保持自然资源的质量和其所提供服务的前提下，使经济发展的净利益增加至最大限度；就科技属性而言，它是转向更清洁更有效的技术，尽可能减少能源和其他自然资源的消耗，建立极少产生废料和污染物的工艺和技术系统。

1995 年，一个新的概念——"可持续发展"，被中共中央作为国家发展的重大战略正式提出，并付诸实施。20 世纪 80 年代以后，全球资源、能源消耗和环境被破坏的形势日益严峻，如何实现人类经济社会的可持续发展，引起全世界共同关注。1992 年的世界环境和发展大会以"可持续发展"为指导方针，制定并通过了《21 世纪行动议程》和《里约宣言》等重要文件，正式提出可持续发展战略。1994 年 3 月，《中国 21 世纪议程——中国 21 世纪人口、环境与发展白皮书》在国务院常务会议上正式通过，中国成为世界上第一个编制出本国 21 世纪议程行动方案的国家。1995 年 9 月，中共十四届五中全会正式将可持续发展战略写入《中共中央关于制定国民经济和社会发展"九五"计划和 2010 年远景目标的建议》，提出"必须把社会全面发展放在重要战略地位，实现经济与社会相互协调和可持续发展"。这是在党的文件中第一次使用"可持续发展"的概念。江泽民在会上发表《正确处理社会主义现代化建设中的若干重大关系》的讲话，强调"在现代化建设中，必须把实现可持续发展作为一个重大战略"。根据十四届五中全会精神，1996年3月，第八届全国人民代表大会第四次会议批准了《国民经济和社会发展"九五"计划和2010年远景目标纲要》，将可持续发展作为一条重要的指导方针和战略目标上升为国家意志。1997年中共十五大进一步明确将可持续发展战略作为我国经济发展的战略之一。

实施可持续发展战略，体现了中国政府和人民对"我们生存的家园"的深切关怀，是一项惠及子孙后代的战略性举措，是中华民族对于全球未来的积极贡献。

按照科学性、可行性、多层次性原则，利用互联网+大数据技术，建立资源型产业可持续发展动态监控指标评测系统。不仅测度发展水平和产值指标，关注重点还应该放在技术和效率层面。结合现有文献，从山西省资源型产业发展实际情况出发，可以从产业层面、技术创新层面、人力资源层面、资源节约层面等构建可持续发展评价体系。具体来说，产业层面把重点放在人均值指标，技术创新层面更多考量横向比较指标，人力资源层面关注重点行业和基础领域的人才现状，资源节约层面包括利用率和能耗等相关指标。

### 三、产业转型的经济效应

#### （一）产业服务化转型

服务业在经济发展中的地位日益突出，被称为国家经济发展的"稳定器"和"助推器"。[1] 要适应经济发展大趋势，推动

---

[1] 许鹏鸿：《从满足人民美好生活需要出发 全面优化产业结构》，《人民日报》，2018年2月12日。

制造业和服务业融合发展，推动现代服务业和传统服务业相互促进，加快服务业创新发展和新动能培育。生产性服务业具有专业性强、创新活跃、产业融合度高和带动作用显著的特点，对于增强我国产业竞争力具有重要意义。应将生产性服务业作为发展重点，推动其与其他相关产业深度融合。生活性服务业关系人民群众生活的舒适和便利程度。应适应人民群众对美好生活的需要，提升生活性服务业的品质。放宽服务业准入限制，扩大服务业对外开放，在促进国内服务业供给结构改善的同时，推动服务业"走出去"，在更广阔的空间实现更大的发展。

产业融合论的出现主要是由于信息技术产业的影响，制造业和生产性服务业之间的界限由于信息技术的拟合显得不再那么清晰，产业边界变得模糊，制造业和生产性服务业通过信息产业进行产业间的互补和延伸，实现产业间的交互融合（Eberts & Randall，2010）。全球经济增加值中，有60%以上是由服务创造的。产业服务化转型的概念源于制造业的服务化。20世纪90年代以来，随着知识经济的深入发展，在全球经济和市场竞争日益激烈的背景下，发达国家的制造业经历了一场影响深远的变革，知识经济的发展对经济增长方式产生了深刻的影响，创新活动变得日益重要，知识作为一种投入要素变得比传统要素更加重要。产品的价值越来越取决于无形的要素，如，品牌或是与产品有关的各种服务。经济活动的主体竞争力更多体现在能够将新的知识要素与传统要素相结合，创造出新的更高的价值。无形要素的作用在价值创造中变得日益重要，传统的产业价值链不断扩展和延长，覆盖范围逐渐从加工制造领域延伸到服务领域，整个产业价值链各个环节的服务要素的投入日益增加，最终产品中服务的比重大大增加，这就是制造业的服务化现象。越来越多的企业通过服务来增加其核心产品的价值，有些制造业企业甚至不再卖物品而是卖物品的功能或服务，呈现出服务化的普遍趋势。服务型制造是服务化战略在制造业实施的结果，通过发展面向生产的服务和面向服务的生产，不断关注价值链中的服务环节，实现产业的价值增值。

《中国制造2025》明确指出积极发展服务型制造和生产性服务业，加快制造与服务的协同发展，推动商业模式和业态创新，促进生产型制造向服务型制造转变。服务型制造，是工业化进程中制造与服务融合发展的一种新型产业形态，是制造业转型升级的重要方向。推动生产型制造向服务型制造转变，是我国制造业提质增效、转型升级的内在要求，也是推进工业供给侧结构性改革的重要途径。通过发展服务型制造，引导企业开展服务化转型，将有利于改善工业产品供给状况，破解当前制造业面临的发展矛盾约束，提高企业竞争力和市场占有率。

产业服务型转变是现代产业体系的主流方向，也是产业发展到高级阶段的体现。资源型产业走可持续发展之路必须将现代产业发展内容融入进来，由资源消耗大、污染物排放多的粗放制造向绿色制造转变。资源型产业服务化分为三个层次，由初级到高级，首先是树立服务理念，主动承担社会职责，接下来是围绕目前的产品展开服务配套，提供综合解决方案，最终转型为生产服务型产品。[1]目前大部分资源型产业停留在第一阶段，部分资源型产业在第二阶段进行了尝试，只有极少数有实力的大型企业可以进行到第三步。由于缺少合适的资源配置，

①刘炳天，王一德等：《资源型产业服务化转型战略》，北京：科学出版社，2019年版。

导致服务化转型停步不前，停留在概念阶段，试点的效益也不容乐观。这都成为制约资源型产业服务化转型的主要因素，后文会有进一步的实例论证。

（二）产业数字化转型

习近平总书记指出："信息化为中华民族带来了千载难逢的机遇""推动信息领域核心技术突破，发挥信息化对经济社会发展的引领作用"。习近平总书记的重要论述，明确了我国经济社会发展的战略方向，为实施国家大数据战略，加快建设数字中国，大力发展数字经济提供了根本遵循。

为了实施大数据国家战略，加快建设数字强国，我国相继出台《促进大数据发展行动纲要》《大数据产业发展规划（2016—2026）》，从而推动我国大数据产业持续健康发展；发布《大数据标准化白皮书（2018）》《工业大数据白皮书（2019版）》，分享大数据领域研究成果和实践经验，提高社会决策和服务管理能力，支撑和引领大数据产业发展。

2020年4月，国家发改委发布关于推进"上云用数赋智"行动、培育新经济发展的实施方案，提出"构建多层联动的产业互联网平台"，将产业互联网上升至国家层面，通过推进企业级数字基础设施、核心资源的开放，助力中小企业数字化转型，最终实现整体经济的转型升级、高质量发展。产业数字化转型已不是数字技术的单点应用，而是转向由内而外、全方位、全产业链条的改造提升。

数字化转型进入深水区，对各行业来说都是知易行难。以制造行业数字化、智能化为例，转型和升级成功与否，不仅关乎制造企业本身的生存和发展，也决定了未来整个产业能否全面实现高质量发展。但制造行业是一个流程长、门类多、应用场景复杂的行业,而且每家制造企业都有自己的业务特点和流程。对于制造企业来说,更需要一个能够看懂行业趋势与转型需求,进而推动其业务与技术进行深度融合的数字化转型合作伙伴。只有行业参与者从"一起做项目"上升到"共同做产业",才能形成新型生态合作关系下新的增长点。①

数字经济是"十四五"时期推动各产业升级转型的关键驱动力。数字经济可以通过产业创新效应、产业关联效应和产业融合效应实现产业结构调整和转型升级。政策规划、标准支撑,实践是关键。推动大数据的顶层设计落地,把大数据技术推广应用到传统行业,把企业和组织转变成一个数据驱动、软件定义的企业,推动传统行业转型升级,才能把大数据产业落地,实现数字经济向前推进。对于传统行业而言,数字化赋能的核心就是"提升效率,降低成本"。传统产业数字化转型的目的,是利用数字技术破解企业、产业发展中的难题,重新定义、设计产品和服务,实现业务的转型、创新和增长。从实践来看,强化价值创造、数据集成以及平台赋能,已经成为传统产业数字化转型的重要趋向。在数字化转型的道路上,不同行业也要因地制宜、因行制宜。比如在汽车、3C等自动化基础优良的离散型制造行业,或者钢铁、能源等生产制造过程相对成熟的流程型制造行业,完全可以加速拥抱数字化。而白酒等工艺相对传统的行业,核心工艺尚未找到合适的数字化转型道路,则可以先从管理、物流等环节入手,提升管理效率,优化供应链等。在数字化之旅中,最艰难的莫过于中小企业,特别是制造业中小企业普遍存在改造资金不足、基础配套能力不足、创新能力整体偏弱、研发人才资源匮乏等问题,搭上数字

①苏亮:《产业数字化转型需要矩阵效应》,《人民日报》,2020年8月31日。

化转型快车存在一定难度。①

大力发展数字经济并促进其与实体经济融合发展，是国家层面促进现代化建设和经济高质量发展的重大战略举措。然而，与实践层面的迅猛发展和政策层面的备受关注相比，数字经济的理论研究工作相对滞后。唐·泰普斯科特于1995年出版了《数字经济》一书，正式引入数字经济的概念。此后，随着曼纽尔·卡斯特的《信息时代：经济、社会与文化》、尼古拉斯·尼葛洛庞帝的《数字化生存》等一系列著作相继问世，数字经济理念迅速流行开来。②万物互联的数字基础设施是数字经济的重要物质基础，这个特征对于区域信创产业的发展提出了挑战和机遇。

山西"十四五"规划提出要突出数字化引领、撬动、赋能作用，着力推进数字经济与实体经济、民生服务深度融合。山西省委、省政府把大数据产业作为全力打造的14个战略性新兴产业集群之一，全省加快数字化转型、大力发展数字经济，为山西的数字化转型提供了政策基础和发展方向。山西省委、省政府还成立了山西转型综合改革示范区，成为我国首个转型综合改革示范区，高水平建设山西数字经济产业示范园，共同打造数字经济高质量发展的新窗口、新示范、新地标。

（三）深刻认识产业创新依赖于科技创新的规律

熊彼特最早明确提出"创新"（innovation），他认为，所谓"创新"就是建立一种新的生产函数。推动产业发展的根本动力是创新。创新驱动作为发展战略本身也有个从外生向内生转变

---

① 《产业数字化转型难在哪》，《经济日报》，2021年4月9日。
② 丁志帆：《数字经济驱动经济高质量发展的机制研究：一个理论分析框架》，《现代经济探讨》，2020年第1期，第85页。

的问题。这就是转变技术进步的模式，由外生转为内生，立足于自主创新，依靠原始创新和引进技术的再创新，形成具有自主知识产权的关键技术和核心技术。党的十八大以来，习近平总书记高度重视科技创新，发表了一系列关于科技创新的重要论述。他深刻指出，自力更生是中华民族自立于世界民族之林的奋斗基点，自主创新是我们攀登世界科技高峰的必由之路。国际竞争力的提升归根到底是技术领域的竞争。谁掌握了核心技术和关键领域研发权谁就有国际话语权。创新，改变了我国发展受制于人的历史，近年来的自主创新成就使得国家国际地位提升，同时也是可以公平参与国际竞争的有力法宝。多年来，我国科技发展取得长足进步，在航空航天、高速铁路、移动通信、载人深潜等许多领域跻身世界先进行列，但是一些关键技术和核心零部件仍然依靠进口，面临"卡脖子"风险。因此，务须瞄准世界科技前沿，抓住大趋势，下好"先手棋"，掌握更多"独门绝技"，打造更多"国之重器"，把发展的主动权、主导权牢牢掌握在自己手里。[①]

产业创新是产业发展的客观规律和产业结构优化升级的动力，是一个各要素既相对独立又相互联系和相互制约的有机系统，其整体效益是以科技创新为动力，开发利用各种资源使各产业关联而形成的特色产业体系。由于新兴产业能够带动整个产业结构优化升级，因而一个国家和地区在某一时期的竞争力和竞争优势关键在于有没有发展起在这个时代处于领先地位的新兴产业，形成具有自主创新能力的现代产业体系。因此，我国现阶段创新的一个重要着力点就是大力推动产业创新尤其是

第一章　资源型产业转型与可持续发展理论

---

①《矢志自主创新　实现科技自立自强》,《中国经济网》,2021年6月3日。

发展战略性新兴产业，并以此来带动整个产业结构的转型升级。产业创新包括传统产业创新。实际上，每个阶段的产业结构中传统产业都占有较大比重。在资源有限的条件下，各个地区在发展战略性新兴产业的同时，面临着需要继续发展传统产业的两难选择。解决这一难题的基本路径是创新驱动。因为不仅发展战略性新兴产业需要创新驱动，而且发展传统产业也需要创新驱动。除了被新兴产业替代了的传统产业，传统产业的创新突出表现在三个方面：一是采用最新科技，与信息化融合；二是向节能环保的绿色产业转型；三是进入新兴产业的产业链。产业转型是以产业创新为驱动力，以可持续发展为目的，资源型产业的转型从路径设计层面就要融入先进发展理念，以产业技术创新为抓手，最终实现全面升级，不要再走试错的老路，而是从发展规划上就做好功课，走出一条适合自身实际的可持续发展之路。创新也不一定都是突破性成果，有很多创新都是渐进性地积累成果。

产业创新依赖于科技创新。从20世纪中后期起，在世界范围内出现的新科技革命使科学技术成为生产力的作用和过程发生了质的变化，科学技术成为第一生产力。现代经济增长主要由科学技术的进步来推动，经济增长速度主要由科学技术转化为现实生产力的速度来决定。与此相关，科技与经济的联系越来越紧密，新科技革命的突破常常立即带来新产业革命，科技创新几乎与产业创新同时进行。因此，产业转型升级依赖于科技创新并以科技创新为先导，是知识创新和技术创新的结合。科技创新在产业创新上的价值体现不仅是其本身的表现，还包含科学精神、科技创新文化等内在的价值作用。由此可见，科技、产业、区域经济发展都是密切相关的，都不是独立的问题，是不同的层次和方面，互相促进，互为内部推动力。

技术革命通常是指人们改造世界方式的根本性变革，是引起社会生产力巨大发展并推动生产关系变革的世界性的技术突破，即技术革命通常发生在技术研发与生产领域，以突破性技术应用为革命性成果。通过表1-5，可以看到每一次技术革命都会形成当时的主导产业，并有对应的主要生产要素。我们处在信息和远程通信时代到数字经济时代的过渡时期，全部地区还并没有完全进入数字经济时代。

表1-5　历次技术革命主要特征

| 技术革命 | 代表性产业 | 要素 |
|---|---|---|
| 产业革命 | 机械化棉纺织业、熟铁、机器 | 棉花、生铁 |
| 蒸汽和铁路时代 | 蒸汽机和机器(铁制;煤为动力)、铁矿业和煤矿业 | 煤 |
| 钢铁、电力、重化工业时代 | 钢铁、重化工业、电力设备工业、铜和电缆 | 钢铁 |
| 石油、汽车和大规模生产的时代 | 批量生产的汽车、石油化工、家用电器、内燃机 | 石油 |
| 信息和远程通信时代 | 计算机、软件、远程通信、控制设备 | 微电子产品 |
| 数字经济时代 | 大数据、云计算、物联网、人工智能、机器人 | 数据 |

资料来源：根据相关文献整理而来

现在的产业创新是全社会范围的创新。一般的科技创新是以企业为主体，在企业单元内进行的，涉及产品创新、技术创新、市场创新等，目的在于解决企业的技术和工艺问题。而在现阶段，科技创新不局限于工艺创新，更为明显的是推动产业创新，是在新科技革命基础上采用最新科技成果的创新。这就超出了企业为单元的创新范围，需要在全社会形成创新型经济。习近平总书记多次指出：要"坚持企业在创新中的主体地位"。企业作为自主创新的主体，是推动自主创新的主体力量，由于体制、规模和成本问题，许多具有实际意义的创新无法由企业单个完成，即便是大型企业，由于历史变革问题，对于研发投入和自主专利等方面的建设机制不完整，始终缺少技术变革的内外在条件，由此需要全社会的参与。产学研合作是有效方式。从"十一五"规划到"十三五"规划，各个区域的政府都致力于扶植助力企业创新。构建共享式平台，打造创新联盟，构建自主创新企业平台等，得到大力推广。以可以获取到的《青岛科技创新政策辞典》为例，青岛市立足自身发展实际，积极落实国家各类科技创新政策，相继出台《青岛市科技创新促进条例》《关于加快创新型城市建设的若干意见》《青岛市激励创新创业加快科技企业孵化器建设与发展的若干政策》《关于加快推进科技改革发展的若干意见》《关于实施"千帆计划"加快推进科技型中小企业发展的意见》等创新政策，已经形成了相对完善的科技创新政策体系，有效地推进了创新型城市的建设，城市创新能力位居国内同类城市前列。通过分析这些政策不难发现，科技创新政策可以有效地引导企业、社会全面参与研发创新，以此推动自主创新战略实施。

## 四、政府职能的现代化转变

政府在经济发展中的角色一直是经济学中充满争议而又富有挑战性的课题。普遍被认可和接受的是，政府的主要任务应该是宏观决策、规划制订、制度建设和标准把关等工作。主要包括：

第一，企业变革和创新模式的宣传者、推进者。政府的一个重要任务，是深入推进企业制度改革和技术升级，通过动员企业自我变革及向"龙头企业"学习，积极培育创新模式。政府应积极为企业发展过程中的转型升级创造有利条件。创新模式升级方面，政府可根据产业调控，提供技术创新、模式创新所需要的资源要素的聚集能力，形成高质量产业集群。

第二，经济资源的调控者。主要通过财政政策、货币政策、产业政策来实行。其中，财政政策调控社会总需求结构，货币政策调控社会总需求数量，产业政策调控社会总供给。当企业遇到外部环境压力与市场竞争挑战的时候，政府竭尽全力帮助企业解决资金、技术、人才、土地等方面的实际困难。

第三，公共服务的提供者。政府提供法律体系、企业权利保护、知识产权保护，保证分配公正的财税金融政策等。政府建立基准，依法行政，保护政府和企业各自的权利，突出服务职能为企业创造良好外部创业环境和投资环境。

第四，跨界合作的整合者。政府也应主动去理顺内外关系，在外部关系上，要政企分开、政事分开、政社分开，确保企业的市场主体地位，政府也要主动去理顺政府、企业、人以及其他公共组织之间的合作或者竞争关系，促进良性循环；在内部关系上，主要理顺中央与地方、同级、上级和下级政府间及各职能部门之间的关系。政府可更多作为产业的组织者、公共平台的搭建者来推进，促进合作，共享经验。政府也应协助企业进行海外并购或国际合作。

政府在产业发展中的主导角色也发生了根本质变，由传统"家长式"全方位管控逐渐转变为"三放"模式，即"放权、放手、放心"。政府职能规定了国家行政活动的基本方向，是建立行政组织和进行机构设置、人员配备的最基本依据。行政职能的变化必然带来行政机构、人员编制以及运作方式的调整或改造。

国家高度重视资源型地区转型发展工作，国务院先后发布了《关于促进资源型城市可持续发展的若干意见》《全国资源型城市可持续发展规划（2013—2020年）》等一系列文件和规划，国家发改委也出台《关于加强分类引导培育资源型城市转型发展新动能的指导意见》，进一步明确分类引导资源型城市可持续发展的目标任务和政策措施。可以说，国家层面关于资源型地区转型发展的顶层制度设计已经谋划完成，制度体系已近完备，余下的关键问题则是制度的有效落实，即如何基于"新建型""成长型""成熟型"和"衰退型"这四类不同的资源型地区。根据各区域上述资源型地区的结构性特征，有针对性地实施差异化的地方治理路径的问题。一方面，各地方政府应透彻领会"顶层设计"的制度理念和基本方向，全面谋划国家关于资源型地区发展的总体布局，避免出现歪曲性或选择性执行政策的问题；另一方面，具体到不同的资源型地区，则要发挥"地方治理"的主动性、积极性和创造性，应出台系列细化、配套、可操作的具体举措，根据各区域资源保障能力和经济社会可承受能力，分类施策、因地制宜、特色发展，避免千篇一律。

实现"经济发展"是资源型地区转型发展的核心要务，经济的高质量发展，需要不断调整产业结构，实现"外生依靠型"向"内生自主型"增长的有效转变。政府应因势利导，既要有效市场，也要有为政府，两者相得益彰，共同发挥作用。

因此，在处理"经济发展"与"职能转变"的关系中，一方面，应发挥市场经济的基础性和决定性作用，强化资源要素的市场化配置，充分尊重市场意志，大力推进简政放权，降低制度性交易成本，不断扫除妨碍提高行政效能的制度羁绊，创优发展环境，激发市场活力，促进资源型地区服务型政府建设；另一方面，应构建资源型地区新型营商环境，加快转变政府职能，增加资源型地区公共服务的有效供给，运用信息化手段提高行政效率和行政审批透明度。政府应成为资源型地区资源开发、资源补偿、生态建设和环境整治等方面的责任主体，逐步将资源型地区转型中的生态环境治理成本内部化，对资源衰竭地区，给予必要的资金和政策支持。

促进资源型地区经济转型发展是对过去计划体制下政策负效应的积极、主动补偿与修正，从长远看，促进资源型地区转型发展的"转型收益"中不仅蕴涵着经济性收益，表现为区域财富的增加以及民众生活水平的提升，而且更应彰显出包含经济效益在内的"整体性"收益，特别是通过资源型地区转型发展促进环境质量提升所带来的相关外部性收益；同时，资源型地区转型过程中还会付出诸多成本，这些成本或是显性的或是隐性的，大致涵盖了产业及相关结构转换成本、生态环境修复和保护成本、转型过程引起的社会性成本等方面。

因此，为了正确认识和处理"转型收益"与"转型成本"的关系，应在全面认识"转型收益"的丰富内涵的基础上，综合研判特定地区资源型地区"转型成本"的实际承载能力。在促进资源型地区经济转型发展的过程中，应最大限度地增加转型地区民众的"转型收益"，减少因转型而付出的"转型成本"，消除政策实施阻力，畅通政企、干部群众间的关系，通过建立和健全国家、企业和个人共同支持的资源型地区的社会保障机制，对区域内各类生活困难人员实施分类施助，适当降低养老、医疗和失业保险等方面的缴费标准；此外，还应完善区域环境补偿机制。

随着我国经济发展步入新常态，供给侧结构性改革持续深入推进，资源型地区可持续发展将面临更多严峻挑战。当前，我国已进入全面建成小康社会的决胜阶段，资源型地区转型发展面临新的要求，摆脱传统发展模式依赖、培育发展新动能已成为转型发展的关键任务。为此，我们应在"创新、协调、绿色、开放、共享"的新发展理念指引下，客观分析资源型地区转型发展的现实和潜在问题，准确把握和充分利用国内外各方面有利条件，积极探索各具特色的资源型地区转型发展的新路径、新模式和新举措，并及时总结成熟经验，及时上升为国家政策，加快国家层面的资源型地区转型政策的迭代速度，努力开拓我国资源型地区转型与创新发展的新局面。

资源型经济地区的转型问题是国家关注的重点。改革开放之初，我们的发展以速度为主，资源型地区为全国经济发展做出了重大的贡献。从经济总量获得发展后，国家层面开始重视可持续发展，各个省份根据自身实际情况和发展水平，也出台和实施了各种转型政策。表1-6是近年来资源型产业转型的主要政策依据，既有国家层面，也有山西省级层面。这些政策是政府职能起作用发挥引导作用的重要体现和证明，也是产业和企业发展规划的政策依据。其中，2018年2月将太原市作为资源型城市可持续发展示范区的建设是首次将山西资源型产业可持续发展上升到国家政策级别，也引起山西省政府和太原市政府的高度重视，围绕可持续发展示范区建设，出台了一系列产业发展政策以引导企业转型升级。

表1-6　主要政策依据

| 发布时间 | 相关政策文件名称 | 主题 |
|---|---|---|
| 2016年5月 | 《国家创新驱动发展战略纲要》 | 创新 |
| 2016年9月 | 《中国落实2030年可持续发展议程国别方案》 | 可持续发展 |
| 2017年9月 | 首批12个产业转型升级示范区建设方案;《国务院关于支持山西省进一步深化改革促进资源型经济转型发展的意见》 | 产业转型 |
| 2017年12月 | 《中共中央国务院关于加快推进生态文明建设的意见》 | 生态文明 |
| 2018年1月 | 《山西省产业技术创新战略联盟管理办法(试行)》 | 创新 |
| 2018年2月 | 《关于太原市创建国家可持续发展议程创新示范区的请示》 | 资源型城市转型升级 |
| 2019年3月 | 《山西省深化转型项目建设年行动方案》《山西省转型项目建设2020年行动方案》 | 转型 |
| 2019年5月 | 《关于在山西开展能源革命综合改革试点的意见》 | 改革 |

资料来源：据政府官网整理而来

2021年12月16日至17日，中国共产党山西省第十二届委员会第二次全体会议暨省委经济工作会议在太原举行。会议提出，要狠抓产业转型，深入实施千亿产业培育工程，统筹做好传统优势产业稳产保供、绿色发展、精深加工文章，促进战略性新兴产业链集群发展，推动现代服务业提质增效，文旅康养业提档升级，农业特色转型，加快发展数字经济，不断增强高质量发展动能。几个关键词包括转型、绿色发展、战略性新兴产业集群、数字经济，围绕高质量发展，推动山西经济转型和区域发展。

### 五、绿色低碳转型

绿色发展是以安全、高效、和谐、持续为目标的经济增长和社会发展方式，突出绿色的理念和内涵，已经成为世界各国推动经济结构调整的重要举措。绿色转型是指以生态文明建设为主导，以循环经济为基础，以绿色管理为保障，发展模式向可持续发展转变，实现资源节约、环境友好、生态平衡，人、自然、社会和谐发展。其核心内容是从传统发展模式向科学发展模式转变，就是由人与自然相背离以及经济、社会、生态相分割的发展形态，向人与自然和谐共生以及经济、社会、生态协调发展形态的转变，使绿色转型内涵更加立体化直观化。由此可见，绿色转型以人类高质量发展为核心，强调人和资源的和谐关系，是以发展理念转变为前提带来的经济发展模式转变。资源型地区的经济发展初期对于生态是破坏性的，后期的转型在生态拯救方面的需要付出的成本是极大的，树立合理的理念、制订有效的发展计划就成为转型成功的关键。资源粗放型开发所带来的短期收益较大，受当时发展理念的限制，产业发展整体缺乏长远战略规划，忽视了后期持续性发展的可能，导致产业整体基础薄弱，技术、人力、基础设施等要素水平和配置效率低下。

基于工业革命以来现代化发展正反两方面的经验教训，基于对人与自然关系的科学认知，人们逐步认识到依靠以化石能源为主的高碳增长模式，已经改变了人类赖以生存的大气环境，日益频繁的极端气候事件已开始影响人们的生产生活，现有的发展方式日益显示出不可持续的态势。为了永续发展，人类必须走绿色低碳的发展道路。虽然发达国家应该对人类绿色低碳转型承担更大的责任，但作为最大的发展中国家，中国已经不能置身事外。中国仍然处于工业化、现代化关键时期，工业结构偏重、能源结构偏煤、能源利用效率偏低，使中国传统污染物排放和二氧化碳排放都处于高位，严重影响绿色低碳发展和生态文明建设，进而影响提升人民福祉的现代化建设。

2021年中央财经委员会第九次会议，研究促进平台经济健康发展问题和实现碳达峰、碳中和的基本思路和主要举措。会议指出，我国力争2030年前实现碳达峰，2060年前实现碳中和，是党中央经过深思熟虑作出的重大战略决策，事关中华民族永续发展和构建人类命运共同体。要坚定不移贯彻新发展理念，坚持系统观念，处理好发展和减排、整体和局部、短期和中长期的关系，以经济社会发展全面绿色转型为引领，以能源绿色低碳发展为关键，加快形成节约资源和保护环境的产业结构、生产方式、生活方式、空间格局，坚定不移走生态优先、绿色低碳的高质量发展道路。习近平总书记在会上发表重要讲话强调，我国平台经济发展正处在关键时期，要着眼长远、兼顾当前、补齐短板、强化弱项，营造创新环境，解决突出矛盾和问题，推动平台经济规范健康持续发展；实现碳达峰、碳中和是一场广泛而深刻的经济社会系统性变革，要把碳达峰、碳中和纳入生态文明建设整体布局，拿出抓铁有痕的劲头，如期实现2030年前碳达峰、2060年前碳中和的目标。绿色转型与碳达峰的概念相辅相成。2021年，国务院印发《关于加快建立健全绿色低碳循环发展经济体系的指导意见》，明确到2025年生产生活方式绿色转型成效显著，到2035年，广泛形成绿色生产生活方式。全面树牢绿色发展理念，全面构建绿色产业体系，全面推进创新驱动，全面强化制度性供给。

循环经济，完整的表达是资源循环型经济。以资源节约和循环利用为特征、与环境和谐的经济发展模式。强调把经济活动组织成一个"资源—产品—再生资源"的反馈式流程。其特征是低开采、高利用、低排放。所有的物质和能源能在这个不断进行的经济循环中得到合理和持久的利用，以把经济活动对自然环境的影响降低到尽可能小的程度。2021年7月，经国务院同意，国家发展改革委印发了《"十四五"循环经济发展规划》。以人为本是科学发展观的本质和核心。坚持以人为本，要求我们在发展中不能只见物不见人，而是一切要以改善人的生存条件，提高人的物质生活、政治生活和精神生活的质量和推进人的全面发展为转移。我们必须坚持以科学发展观统领经济社会发展全局，促进经济发展与人口、资源、环境相协调。从长远来看，循环经济本质上是一种生态经济，是可持续发展理念的具体体现和实现途径。它要求遵循生态学规律和经济规律，合理利用自然资源和环境容量，以"减量化、再利用、再循环"为原则发展经济，按照自然生态系统物质循环和能量流动规律重构经济系统，使经济系统和谐地纳入自然生态系统的物质循环过程之中，实现经济活动的生态化，以期建立与生态环境系统的结构和功能相协调的生态型社会经济系统。

循环经济发端于生态经济。从美国经济学家肯尼思·鲍尔丁在1966年发表《一门科学——生态经济学》，开创性地提出生态经济的概念和生态经济协调发展的理论后，人们越来越认识到，在生态经济系统中，增长型的经济系统对自然资源需求的无止境性，与稳定型的生态系统对资源供给的局限性之间就必然构成一个贯穿始终的矛盾。围绕这个矛盾来推动现代文明的进程，就必然要走更加理性的强调生态系统与经济系统相互适应、相互促进、相互协调的生态经济发展道路。生态经济就是把经济发展与生态环境保护和建设有机结合起来，使二者互相促进的经济活动形式。它要求在经济与生态协调发展的思想指导下，按照物质能量层级利用的原理，把自然、经济、社会和环境作为一个系统工程统筹考虑，立足于生态，着眼于经济，强调经济建设必须重视生态资本的投入效益，认识到生态环境不仅是经济活动的载体，还是重要的生产要素。要实现经济发展、资源节约、环境保护、人与自然和谐四者的相互协调和有机统一。发展循环经济，实现环境与发展协调的最高目标是实现从末端治理到源头控制，从利用废物到减少废物的质的飞跃。发展循环经济的主要途径，从资源流动的组织层面来看，主要是从企业小循环、区域中循环和社会大循环三个层面来展开；从资源利用的技术层面来看，主要是从资源的高效利用、循环利用和废弃物的无害化处理三条技术路径去实现。

平台经济是数字经济时代的新型经济模式，技术支撑是以数据要素为主导的"互联网""人工智能"等，发展理念强调价值创造，克服了信息不对称等市场失灵问题，可以有效地整合信息，协调供求关系，促进产业升级优化，以实现经济稳定增长发展，同时也是生态文明建设的重要模式。"互联"本身就是一个大平台，可以避免灰色地带的产生，同时也为市场配置提供了较为公平的可能。平台经济也是新工业革命的重要组成部分，其健康持续发展必将助力我国的产业升级、现代化经济体系建设和高质量发展，助力全面建成小康社会和现代化"两步走"战略目标的实现。

山西省作为煤炭为主的资源大省，节能减排任务艰巨。提出以能源供给结构为重点，以产业延伸、更新和多元化发展为路径，建设安全、绿色、集约、高效的清洁能源供应体系和现代产业体系。为了加快绿色产业发展政策和制度建设，山西省先后印发信创、新材料、新装备和节能环保等重点产业年度行动计划，出台《绿色建筑专项行动方案》《山西省节能减排实施方案》，修订《山西省节约能源条例》。同时，积极探索排污权、用能权、用水权和碳排放权等市场化交易制度，创新了有偿使用、预算管理、投融资等机制，启动了山西碳排放权交易市场，在企事业单位开展了排污权交易。后文中有关于山西省近年来节能减排的数据论证。2014年实行《山西省低碳创新行动计划》，以转型综改试验区建设为统领，以低碳发展为主题，全面实施低碳发展，全力推广低碳工艺技术。发挥市场配置资源的决定性作用，实施重大低碳建设工程、产业减碳计划、企业低碳行动、低碳科技创新行动。加快低碳社会建设，优化能源结构、提高能源效率、增强碳汇能力。探索资源型地区高碳产业低碳发展路径，着力推进绿色发展、循环发展、低碳发展。

# 第二章　资源型产业转型与
# 可持续发展路径

## 第一节　产业园区建设对资源型产业可持续发展的作用

由"产业"到"产业集群"，这一提法的变化，既是发展阶段的升级，又是发展理念的更新。从专业化角度分，产业集群包括生产型产业集群、流转型产业集群和物流型产业集群；按照产业性质，可以将产业集群分为传统产业集群、高新技术产业集群和资本与技术结合型产业集群；以内部市场结构为标准，产业集群可划分为轴轮式、多核式、网状式、混合式和无形大工厂式5种模式。从运行机制上看，产业集群可分为市场循环型、技术创新推动型及来料加工型。

总体看，中国各类产业集聚区发展方式粗放、不平衡不充分问题依旧突出，无法适应新时代迈向更高质量发展阶段、发展更高层次开放型经济的要求，迫切需要加快产业集聚向集群发展的转型提升。全国产业集聚区已经初步形成，比如，深圳电子信息产业集群已经看齐世界级产业集群，根据相关部署，原平湖金融与现代服务业基地和坂雪岗科技城将进行整合，整体打造成为世界级电子信息产业集群承载区，这一项目已列入"十四五"重大平台。片区将围绕集成电路、云与计算、通信、智能终端、人工智能、智能汽车六大重点产业，谋划建设系列标志性平台，以重大项目和重大平台引领产业发展。坂雪岗科技城是粤港澳大湾区重要战略要塞、"广深科技创新走廊"十大核心创新平台之一，也是龙岗区的"西核心"。片区现有规模以上企业164家，华为、神舟、康冠等国家高新技术企业423家，天安云谷、星河WORLD、云里智能园等园区125个，在智能终端、通信设备、云计算等领域优势明显。2019年，片区电子信息产业集群营收总额0.8万亿元，约占全球市场规模的3.2%。从集群规模、优势领域、龙头企业、自主创新能力等多个角度来看，片区已具备打造世界级电子信息产业集群的基础。[①]

产业园区属于产业地产范畴。世界上第一批产业地产可以追溯到20世纪20年代的英国和美国。在发达国家，1945年之后产业地产的开发成为不少国家的经济发展战略。20世纪50年代中期之后的城市郊区产业地产开发，是与内城问题解决、信息技术的出现和高速公路的发展相伴而生的。在发展中国家，20世纪末开始的出口加工区是随新国际分工的深入、产业转移而设立的。

产业园区和产业集群这两个概念有着不同的内涵和指向。从理论渊源和发展历史上看，前者主要是外力驱动，而后者是内力驱动，这两个概念彼此交叉渗透。有产业集群的地方不一定需要产业园区，建设了产业园区的地方也不一定会发展产业集群。低水平重复性建设的产业园区，是对公共资源的浪费，主要是缺乏合理规划，导致多年发展不起来，不论是对土地，还是对资本等都是要素的低级分配，知名企业不会选择入驻，入驻的中小企业也会因为缺乏合理配套而经营不善。

---

[①]《中国产业园区开发商典型商业模式与设计策略分析报告》，前瞻产业研究院，2018年。

## 一、工业园、开发区、产业园的关系和区别

首先，行政级别不同。开发区是一级行政机构，由国务院和省、自治区、直辖市人民政府批准在城市规划区内设立，是从比较大的地级市或者直辖市或者省级行政主体分离出来的，为了支持地区发展地方经济或者加快城市融合等特殊原因成立的，其中各种机构相对完整，跟政府差不多，它的政府机构通常是以管委会的形式出现的。工业园跟产业园还称不上是一个行政主体，工业园是建立在一块固定地域上的由制造企业和服务企业形成的企业社区。

其次，从类型上来讲，产业园的类型十分丰富，包括高新技术开发区、经济技术开发区、科技园、工业区、金融后台、文化创意产业园区、物流产业园区等。

再次，三者的发展侧重点及发展目标也均有不同。其中，产业园发展范围较小，集中发展某一产业。

### (一) 工业园

工业园区是划定一定范围的土地，并先行予以规划，以专供工业设施设置、使用的地区。作为工业发展的一种有效手段，工业园区在降低基础设施成本，刺激地区经济发展，向社区提供各种效益的同时，也给人类的生存环境带来了巨大的威胁。因此，工业园区的规划与建设必须改变过去单一的经济目标，创造一种新的科学的生态理念，将生产与环保、生态与消费有机结合起来。

工业园选址符合城市总体规划，充分考虑建设难度和环保要求，找准产业定位，满足交通、基础配套设施。

（二）开发区

开发区主要包括经济开发区和高新技术开发区。

经济技术开发区规划建设的主要任务是：引进、吸收先进技术和现代管理经验；扩大出口贸易，增加外汇收入，积累建设资金；开发国内紧缺产品，满足全国生产建设需要；及时掌握和传播经济技术信息；培养各方面人才，以适应进一步对外开放工作的需要。

高新技术产业园区的发展，GDP是重要指标，但环保指标、循环经济指标、研发投入指标、节能指标都要注重。因此，高新技术产业园区规划要以人为本，尊重自然，对项目设置、交通组织、生活设施等要详加考虑。

（三）产业园

产业园区是指由政府或企业为实现产业发展目标而创立的特殊区位环境。它的类型十分丰富，包括高新技术开发区、经济技术开发、科技园、工业区、金融后台、文化创意产业园区、物流产业园区等以及近来各地陆续提出的产业新城、科技新城等。

产业园区规划是比较全面的产业园区长远发展计划，是对园区产业发展、空间布局、土地开发、招商引资、运营管理等全局性、长期性、基本性问题的研究分析，是未来一个时期指导产业园区健康发展的行动纲领。产业园区规划是园区建设的龙头，规划决定园区建设规模、方向和品位，所以园区在基础建设过程中也始终坚持"规划先行"的指导原则。产业园区是指由政府或企业为实现产业发展目标而创立的特殊区位环境。联合国环境规划署（UNEP）认为，产业园区是在一大片的土地上聚集若干个企业的区域。它具有如下特征：开发较大面积的土地；大面积的土地上有多个建筑物、工厂以及各种公共设施和娱乐设施；对常驻公司、土地利用率和建筑物类型实施限制；详细的区域规划对园区环境规定了执行标准和限制条件；为履行合同与协议、控制与适应公司进入园区、制定园区长期发展政策与计划等提供必要的管理条件。

产业园区作为产业集群的重要载体和组成部分，园区经济效应已引起越来越多人关注。国内外产业园区发展成功案例表明，产业园区能够有效地创造聚集力，通过共享资源，克服外部负效应，带动关联产业的发展，从而有效地推动产业集群的形成。产业园区所具有的性质和特征决定了产业集群最终方向，形成产业园区和产业集群的良性互动，是区域经济增长的重要途径。在产业集群的指导下，推进产业园区建设，不仅是当前发展产业集群的需要，更是加快新型工业化进程的必然选择。

产业园区的规划包括了4个原则，分别是：关联发展原则、成链发展原则、聚集发展原则以及集约发展原则。

1979年，中国第一家产业园深圳蛇口工业区成立。从市场开发主体来看，我国产业园区开发模式可分为：产业园区开发模式，指开发区或工业园区管委会下设的开发公司运作的产业园区开发模式，是目前我国各级地方政府最常使用的产业地产开发模式；主体企业引导模式，指产业内优势企业独立建设产业园区；产业地产商模式，指地产企业参与开发、运营等，如联东集团联东U谷、金融街园中园、绿地集团滨湖国际总部产业园等；综合运作模式，指对上述的工业园区开发模式、龙头企业引导模式和工业地产商模式进行混合运用的工业地产开发模式。例如华夏幸福基业产业新城、万通地产汇源产业园。从产业园区开发资产运营模式来看，主要分为重资产模式和轻资产模式。重资产模式是早年我国产业园区主要开发运营模式，一般按照"开发—建设—出售—再开发"的路径，如天安数码城的园区开发，或者国家高新区、开发区等。近些年来，随着地产行业利润率和杠杆率的长期下降，产业园区开发和运营商开始寻求产业转型升级，纷纷开始从重资产模式向轻资产转变，如华夏幸福的"园区孵化+地产开发模式"、普洛斯"专业开发+基金运作模式"、联动集团"联东U谷"品牌模式等。从产业园区开发市场定位情况来看，根据产业园区的产业和动能定位，主要分为：单一定位策略，指仅开发经营某一特定功能的园区，如深圳国家生物医药产业园区。组合定位策略，指园区开发时强化园区产业的关联度，如目前国内大型的科技园和工业园。[1]

　　尽管改革开放40年来，我国产业园区的建设取得瞩目成就，对国家经济发展作出重大贡献，但我国产业园区也存在定位不清、同质化严重、园区服务质量落后、园区招商困难、园区内产业协同性不够等诸多问题。具体来看，目前产业园区在建设运营过程中存在以下问题：定位雷同、重复建设，酿成恶性竞争。重复建设严重，产业资源难以合理分配与有效利用，园区之间竞争加剧，招商运营步履维艰。偏重房产开发，产业聚集效应差强人意。很多园区轻重倒置，过度强调地产项目开发，缺少产业环境的搭建和产业链的培育，难以形成产业氛围。投机显现，土地使用问题日益暴露。由于工业项目土地价格较低，不少开发商以工业项目立项拿地，拿地后进行土地用

[1] 阎立忠：《产业园区／产业地产规划、招商、运营实战》，北京：中华工商联合出版社，2015年版。

途变更，转为开发商用和住宅项目，或者二次转让获取高额土地升值收益。徒有概念，园区运营服务相去甚远。几乎所有园区都号称为入驻企业提供"一站式服务"或"一条龙服务"，搭建一系列公共服务平台，但现实中由于运营理念缺失、专业人才奇缺、整合能力有限，很多园区往往徒有服务概念，但缺乏实际服务内容和不能有效执行。忽视环保，工业园区成污染重灾区。为了留住企业和拥有漂亮的GDP数字，一些区域的产业园区尤其是工业园放宽企业入园标准，忽视进驻企业的排污治污。

根据近年来国家政策推动产业转型发展方向，以及产业园区产业、市场定位趋势分析认为，未来我国产业园区开发将呈现五大趋势：

一是从注重优惠政策向发展产业集群转变。从全球产业园区发展来看，基本经历了"单个企业→同类企业集群→产业链→产业集群"的发展路径演变，产业只有集群化发展，才会激发出更大的能量。

二是由加工型产业园区向研发型产业园区转型。随着国家技术和研发实力不断提高，产业园区将从附加价值低的加工、代工转型高价值的研发、技术型园区。

三是从强调引进大型公司向科技型中小企业集群转变。随着科技预测性和可控性的加强，在总体方向下，研发课题市场化、模块化、专业化将是趋势，采用小规模研究，充分利用其灵活性，可有效分散风险和加快科技研发速度。

四是由单纯的土地运营向综合的"产业开发"和"氛围培育"转变。未来产业园区将从片面的环境建设走向全方位的氛围培育，在打造一流硬环境的同时，加强区域文化氛围、创新机制、管理服务等软环境的建设。

五是由功能单一的产业区向现代化综合功能区转型。现代产业的智力资源密集、规模较小、信息网络化，决定了新的产业区功能的综合性，不是单纯的工业加工、科技产品制造区，还包括配套服务的各种商业服务、金融信息服务、管理服务、医疗服务、娱乐休憩服务等综合功能。

产业运营是促进园区企业发展和带动区域产业转型升级的重要因素。研究产业，搭建好产业生态，解决入园企业生存、经营、发展问题，解决入园企业员工生活，做好创新、创业、创投的服务。产业园区必须主导产业定位清晰，契合区域经济发展主题，充分发挥核心项目的带动效应，从而实现产业要素（企业、人才、资本等）的聚集，主导产业链的聚合，最终形成产业生态创新。其中，产业生态要素要以科技企业为核心，引领人才、资本、技术、信息、市场、商务、政策等要素的集聚。产业链：企业空间聚集形成上中下游完善产业链，建立产业配套服务体系，有效降低企业交易成本。产业集群：企业融合互动发展，成为新产业和新业态的发源地，建立强大的内生增长机制，培育出具有国际竞争力的优秀企业。[1]IT设施和IT服务是现代商务和创新产业的有效手段。"数字化园区"的构建，助推传统产业数字化转型，带动地方数字经济产业发展。主题产业园的目标企业定位为中小成长型企业，规划完善的高成长企业服务体系，助力中小成长型企业的发展。园区依附于城市化进程，成为城市化的重要组成部分，实现园区与城市的良性互动，具备产业、商务、交流、生活等多种复合型功能。

---

[1]王玉祥，《产业园区开发如何实现盈利和可持续发展》，知乎，2020年10月22日。

产业园区实现产业链招商的主要途径包括"建链""补链""强链"等。"建链"通常是产业链招商的第一步，也是初建园区以及产业转型升级园区所必须的招商环节。在"建链"过程中，需要根据上位规划找准园区的产业链方向，依托园区核心资源引进相关产业链中具有核心地位的企业，并以之为基础进行辐射与延伸，从而建立全新的产业链条。"补链"是在园区已有一定的产业基础，围绕现有产业链条的缺失环节，从纵向产业链的角度展开针对性招商。"补链"是对"建链"的延伸，其目的是实现产业链向上、下游延伸，打造更全面、更稳定的产业集群。"强链"主要针对产业链已经较为完善，但价值链较低端的园区，通过引进高附加值企业，淘汰落后企业，强化区域产业优势。同时，从横向协作链入手加强研发设计、品牌营销、金融、物流、信息等产业综合配套服务，使产业价值链从单纯的生产制造向价值"微笑曲线"利润最高的两端延伸，提升产业发展的质量效益。由此可见，产业园区也是打造产业链的实现途径。打造产业集群、完善产业链和建设产业园区相辅相成。

## 二、山西省开发区现状

早在2018年，国家发展改革委、科技部、国土资源部、住房城乡建设部、商务部、海关总署就发布2018年第4号公告，公布2018年版《中国开发区审核公告目录》（以下简称《目录》）。2018年版《目录》包括2543家开发区，其中国家级开发区552家和省级开发区1991家。与2006年版《目录》相比，2018年版《目录》增加了975家开发区。山西省共有27家开发区纳入本次公告目录，其中，国家级开发区7家，省级开发区20家。

2018版《目录》要求，纳入《目录》的开发区必须符合国家产业布局和区域发展战略，以及本地区国民经济和社会发展规划、主体功能区规划、土地利用总体规划、城镇体系规划、城市总体规划、环境保护规划和有关行业规划。

表2-1　2018年版开发区审核公告目录（山西篇）

| 国家级 | 开发区名称 | 批准时间 | 核准面积（公顷） | 主导产业 |
|---|---|---|---|---|
| 1 | 太原经济技术开发区 | 2001.06 | 960 | 电子信息、装备制造、新能源 |
| 2 | 大同经济技术开发区 | 2010.12 | 820 | 医药、汽车、建筑 |
| 3 | 晋城经济技术开发区 | 2013.03 | 400 | 精密光电、装备制造、新能源 |
| 4 | 晋中经济技术开发区 | 2012.03 | 520 | 医药、食品、装备制造、电子信息 |
| 5 | 太原高新技术产业开发区 | 1992.11 | 800 | 光机电一体化、新材料、新能源 |
| 6 | 长治高新技术产业开发区 | 2015.02 | 753.01 | 煤化工、装备制造、生物医药 |
| 7 | 太原武宿综合保税区 | 2012.08 | 294 | 加工贸易、保税物流、保税服务 |
| 省级 | 开发区名称 | 批准时间 | 核准面积（公顷） | 主导产业 |
| 8 | 太原工业园区 | 1997.11 | 899.65 | 装备制造、新材料、商贸物流 |
| 9 | 太原不锈钢产业园区 | 2006.04 | 1143.77 | 不锈钢加工、装备制造、商贸物流 |
| 10 | 山西清徐经济开发区 | 2003.01 | 838.87 | 化工新材料、仓储物流、装备制造 |
| 11 | 山西阳泉经济开发区 | 1996.01 | 383.2 | 装备制造、化工、商贸服务 |
| 12 | 山西壶关经济开发区 | 2006.04 | 217.63 | 钢铁加工、新材料 |
| 13 | 山西朔州经济开发区 | 1996.01 | 1010.36 | 煤炭、煤机维修、铁合金冶炼 |

| 省级 | 开发区名称 | 批准时间 | 核准面积（公顷） | 主导产业 |
|---|---|---|---|---|
| 14 | 山西榆次工业园区 | 2006.04 | 198.56 | 装备制造、冶金制品、农副产品加工 |
| 15 | 山西祁县经济开发区 | 2006.04 | 61.21 | 玻璃、食品、装备制造 |
| 16 | 山西运城经济开发区 | 1997.04 | 3081.2 | 装备制造、轻工、食品 |
| 17 | 山西运城盐湖工业园区 | 2006.08 | 147.91 | 生物制药、新材料、装备制造 |
| 18 | 山西绛县经济开发区 | 1997.12 | 321.7 | 装备制造、煤化工、食品 |
| 19 | 山西风陵渡经济开发区 | 1992.11 | 413.75 | 生物制药、能源、精细化工 |
| 20 | 山西忻州经济开发区 | 1996.1 | 400 | 电力、装备制造、食品 |
| 21 | 原平经济技术开发区 | 2016.01 | 459.89 | 装备制造、钢结构 |
| 22 | 山西临汾经济开发区 | 1997.07 | 710.46 | 装备制造、塑料编织、新能源 |
| 23 | 山西侯马经济开发区 | 1997.07 | 374.51 | 机电、医药、电商 |
| 24 | 山西文水经济开发区 | 2006.04 | 231.3 | 化工、机械、煤化工 |
| 25 | 山西交城经济开发区 | 2006.09 | 572.68 | 煤化工、机械、新材料 |
| 26 | 山西孝义经济开发区 | 2006.04 | 524.76 | 煤炭、化工、建材、耐火材料 |
| 27 | 汾阳杏花村经济技术开发区 | 2016.05 | 989.47 | 酿酒 |

资料来源：2018年版《中国开发区审核公告目录》

　　工业园区是划定一定范围的土地，并先行予以规划，以专供工业设施设置、使用的地区。工业园区，通常是为了促进地方的经济发展而设立。工业园区的用途相当多元，除了工厂、厂办等一般工业设施之外，亦可提供高科技产业使用，甚至有研究机构与学术机构进驻。工业园区如经过妥善开发，通常会发展成为一个产业聚落。通常进驻工业园区的产业类型，都为早期较发达的产业，例如：食品制造业、纺织业、成衣业、毛料制造业、家具业、造纸业、石化业、运输业、化学制造业、仓储业等。20世纪80年代后有科学园区的发展。世界上第一个科学园区，起源于20世纪50年代，就是硅谷。科学园区提供良好的创业环境，让企业及大学可以成立新的创投公司。

由于我国工业园建设起步较晚，建设经验不是很丰富，在我国工业园快速发展的背后，也凸显出一些问题。如：园区总体规模偏小、集约化不够；园区定位和园区产业结构趋同；缺乏统一的科学规划；园区投资偏低、特色不明；用地难、融资难等。山西省由于长时间以煤炭产业为支柱产业，忽略了相关产业的同步发展，工业园区的规划、建设都处在初级阶段，与我国南方很多城市相比，在产业布局、营商环境等方面都存在较大的差距。工业园区的级别较低，规模较小，没有形成有机整合，在产业吸引力方面严重不足。

2019年1月30日山西省第十三届人民代表大会第二次会议通过《山西省开发区条例》。山西省第十二次党代会明确提出打造"升级版"开发区，使开发区在项目建设、招商引资、产业链培育、营商环境优化等方面成为推动高质量发展的排头兵，成为全省经济新的增长极。截至2020年7月底，山西省已批准设立的86家省级以上开发区，其中40家已完成四至范围核定工作，包括国家级开发区6家和省级开发区34家；无须四至核定的生态文化旅游区7家；尚未完成的省级开发区39家，其余工作将于年底前全面完成。开发区四至范围核定工作，是在规划面积基础上，对开发区边界的进一步有效化、精准化和合理化，解决"开发区边界不清晰""开发区边界与土地权属边界冲突"等问题，也是开发区升级、扩区、调区，纳入国家开发区公告目录、开展土地节约集约利用专项评价等工作的前提条件。

### 三、山西转型综合改革示范区

2010年12月1日，国务院正式批复设立"山西省国家资源型经济转型综合配套改革试验区"（以下简称"山西综合配套改革试验区"）。作为全国第9个成立的试验区，相对于其他试验区起步较晚，但其个性特征鲜明，是我国第一个全省域、全方位、系统性的国家级综合配套改革试验区，肩负破解制约资源型经济转型的深层次体制机制障碍和结构性矛盾，在国家战略层面提供可复制推广经验的重大使命。建设山西转型综合改革示范区是山西省委、省政府落实习近平总书记和党中央赋予山西"建设国家资源型经济综合配套改革试验区"重大历史使命，加快转型发展做出的战略举措。山西转型综合改革示范区（山西综改示范区）于2017年2月25日正式挂牌，由山西省省会太原市和晋中市的8个国家级、省级产学研园区组建而成，并向南向北扩展，规划面积约600平方千米。

山西转型综合改革示范区由太原市区内的太原高新技术产业开发区、太原经济技术开发区、太原武宿综合保税区、晋中经济技术开发区等4个国家级开发区，太原工业园区、山西榆次工业园区、山西科技创新城等3个省级开发区以及山西大学城产业园区，共8个产学研园区整合而成，并向南、向北建立扩展区。①

整合后的示范区从空间上分为3大片区。北部阳曲产业园

第二章 资源型产业转型与可持续发展路径

区，规划面积约104平方千米。其中，原太原工业园区基础区约3平方千米；在阳曲县的扩展区约101平方千米。重点布局新材料、节能环保、绿色食品、文化旅游、健康休闲等产业。中部产业整合区，包括除原太原工业园区外的7个现状园区，规划面积约140平方千米。其中，学府产业园区（原太原高新区）约8平方千米；唐槐产业园区（原太原经济区）约25平方千米；武宿综合保税区约3平方千米；科技创新城约20平方千米；晋中汇通产业园区（含中鼎物流园）约49平方千米；晋中新能源汽车园区约9平方千米；大学城产业园区约28平方千米。主要是对现有比较成熟的产学研体系以及城市功能进行提档升级，重点布局大数据、物联网、电子信息、高端装备、生物医药、绿色食品、文化创意、跨境电子商务、保税物流、科技研发等产业。南部潇河产业园区，规划面积约343平方千米。其中，太原约205平方千米，晋中约138平方千米，是示范区建设的主战场。重点布局新一代信息技术、先进制造、新能源、新材料、生物医药、节能环保等产业。潇河产业园区起步区约100平方千米。其中，太原约60平方千米，晋中约40平方千米。沿潇河两岸布局新能源汽车、移动能源、智能制造、健康医药、电子信息、总部经济、智能物流等多个产业组团，以及金融小镇、智慧小镇、健康小镇等特色小镇；沿潇河生态廊道和潇河两岸，在太原、晋中建一主一次两个生产生活公共服务中心。

示范区已经逐渐成为全省转型发展的排头兵，经济高质量发展的主阵地。为在转型发展蹚新路中发挥示范引领作用，示范区开展体制机制重塑性改革，深层次激活内生动力。构建"全程帮办+一网通办+一话通办+调度督办"及"五个服务"

（问题服务、政策服务、创新服务、金融服务、发展服务）的企业全生命周期政务服务体系，全力打造"审批最少、流程最优、体制最顺、机制最活、效率最高、服务最好"的"六最"营商环境；围绕山西省聚力发展的14个战略性新兴产业，搭建起"17+2"招商引资服务组织架构，形成"小管委+大公司"专业化产业化招商引资服务体系，为高质量高速度发展奠定坚实的基础；聚焦"六新"突破，坚持"转型为纲、项目为王"，以打造全球合成生物产业发展高地、全国生物产业生态发展基地、全国电子信息产业创新发展新区、全国能源革命排头兵践行区为引领，培育生物产业、电子信息两大千亿级新兴产业集群和高端装备、新材料、新能源、通用航空、节能环保、现代医药与大健康、智能网联新能源汽车、现代服务业、新业态9个百亿级新兴产业集群"2+9"现代产业体系，建设具有国际影响力和在全国具有鲜明特色的一流高科技产业新区。目前，示范区已成为山西省体制机制创新的先行区、营商环境的引领区、创新生态的先导区、战略性新兴产业的聚集区。2020年，全区实现地区生产总值557.85亿元，同比增长6.3%。其中，第二产业实现增加值398.56亿元，同比增长5.0%；第三产业（服务业）实现增加值159.29亿元，同比增长10.6%。

对开发区产业的精准研判是做好招商工作的重要基础。围绕龙头企业，示范区不断引进配套企业完善产业链，实现产业链精准招商。例如，围绕山西百信、国科普云、云时代、山西统信软件、山西中网公司、山西圣点公司、百度、华为、中国电科等龙头企业，共同打造鲲鹏产业生态山西版、山西高端整机制造基地等。

综改示范区要实行更加积极、更加开放、更加有效的人才政策，以提高人的素质为根本，激发人才的积极性和创造性，进一步提升综改示范区人力资源服务产业园及留学人员创业园服务功能，推进潇河生态文化景观带、国际学校、人才住房等项目工作，创建一流的创业生活环境，吸引一大批具有国内、国际水平的科技创新人才和团队；建立起适应高质量发展要求的人才培养机制，为产业转型升级提供符合需要的高素质人力资源和各类实用型人才，为综改示范区提供坚实的人才支撑和智力保障。通过加强科技创新、产业创新、制度创新和要素创新等增强发展活力，利用要素聚集吸引新兴产业聚集，强化专业化协作和配套能力；通过"非煤产业、新兴产业"发展，坚守绿色发展底线，培育清洁示范企业与生态工业园区，实现示范区绿色低碳生产方式。三大园区各有侧重，分别为山西省转型发展提供不同产业发展经验，更好地擦亮转型综改金字招牌，为全国其他资源型地区的转型贡献山西智慧。

**四、重点资源型产业园区介绍**

此部分对山西省现有资源型产业园进行简单介绍，以说明山西省资源型产业园区发展概况。

（一）大同新能源产业城

大同市是山西资源储量较高的"老牌"工城市，大同新能源产业城位于大同市中心城区东部，西距大同古城8千米、文瀛湖湿地公园3千米，交通便捷，东3千米处为云冈机场，南5千米处为高铁南站。氢都大同新能源产业城以新能源、新材料、新技术、新应用定位发展，融科技、生态、人文为一体，采取统一规划、分期建设、科学布局的多种建设模式。目前，"氢都"大同新能源产业城落地项目共49个，其中已建成项目

22个，2019年3月开复工项目27个。27个开复工项目总计投资211.2亿元，其中，续建项目11个，总投资80.7亿元，新建项目16个，总投资130.5亿元。按产业类型分类，新能源汽车及零部件项目9个，新材料项目4个，装备制造类项目3个，新一代信息技术项目2个，其他类9个。

"氢都一号"项目，由大同国建科技管理有限公司投资建设，项目投资5亿元，2019年3月1日开工，6月30日竣工。该项目是大同市政府为了全面营造优良的投资环境，以新能源、新材料、新技术、新应用定位发展，努力打造的绿色精品示范工程。"氢都一号"是氢都大同新能源产业城高科技研发服务中心，为入驻厂家提供配套服务，主要包括展示中心、酒店、停车位、办公楼、科研楼、单层厂房、多层厂房等。

"智能绿色环保消防器材"项目，由山西建君消防设备有限公司投资建设，项目投资1.5亿元。建设内容为年产十万套防火防盗门、防火卷帘及消防器材。主要建设钣金车间、喷涂车间、电装车间、门窗组装车间、展示中心、仓库、办公区及生活区。

"氢能和燃料电池产业"项目，由大同新研氢能源科技有限公司投资建设，项目投资8亿元。该项目拟整合行业资源，包括燃料电池全自动化生产线、分布式氢能源电站、燃料电池车交通数据中心等项目。项目总建筑面积11万平方米，主要建设综合楼、测试楼、机板加工车间、电堆加工车间、系统集成车间、装车调试车间、试验楼、宿舍楼等。

"汽车级功率半导体IGBT"项目，由昊芯科技（北京）有限公司投资建设，项目投资3亿元。该项目8~10个月建设完成，将在此后12个月内实现达产运营。项目建设内容为前期生产厂房面积8000平方米，其中万级洁净厂房3000平方米，普通厂房2000平方米，测试实验用房1500平方米。后期建设2条功率电子封测及电路生产线，产品拓展至汽车电子电路系统、工业级大功率控制电路系统等。

"雄韬氢燃料汽车总成"项目，由大同氢雄云鼎氢能科技有限公司投资建设，项目投资27亿元。该项目致力于成为全球燃料电池解决方案引领者。项目建设内容为含一期租用1万平方米过渡厂房，二期、三期新增发动机、电堆两类主要产品生产线。

"宁夏黑金超级电容"项目，由大同奥塞斯新能源科技有限公司投资建设，项目投资8.3亿元。该项目建设工期共计16个月，从2019年3月至2020年6月，主要建设稀金属超级电容生产车间、动力/储能/应急电池组件生产车间、低速电动汽车组件生产车间以及综合办公大楼、研发室等。

"泰瑞装配式PC标准化生产基地"项目，是由山西经建投集团、长沙远大住工集团、大同泰瑞集团共同投资建设，项目投资2亿元。建设项目采用轻资产化运作，引进中国远大住工集团全新的建筑工业化技术体系和PC（预制混凝土构件）生产制造技术，将形成年产120万~150万平方米（建筑面积）装配式混凝土预制构件生产能力。由新建钢结构部品配件厂、PC生产线和部品部件产品研发展示中心、成套住宅部品部件配套中心等组成。

"汽车全铝制动系统"项目，由大同莱特科技有限公司投资建设，项目投资2亿元。该项目为汽车全铝制动系统零部件生产及新建年产400万件钢面铝基制动盘生产厂项目，项目引进美国制动系统轻量化技术，能为100万辆乘用车提供配套。

"大同石墨烯＋新能源储能产业园"项目，由大同墨西科技有限责任公司投资建设，项目投资 25 亿元。主要建设内容为围绕 5G、电动车、柔性显示和可穿戴领域开展新材料的研发和产业化，高性能磷酸铁锂和高镍三元正极材料、硅碳负极材料等，高性能石墨烯材料的产业化、高导热材料，石墨烯远红外发热浆料、电热膜、电暖画、电地暖、可穿戴理疗产品。

"碳纤维汽车骨架生产"项目由大同京正复合材料科技有限公司投资建设，项目总投资 6.6 亿元，引进英国 AXON 汽车有限公司独有的碳纤维汽车车身骨架设计和制作技术，建设年产 10 万台碳纤维车身生产线。主要建设内容为标准厂房、原料库及成品库、科研配套办公楼、绿化、道路及硬化，总建筑面积 10 万平方米，购置安装自动化树脂注入机、碳纤维织物智能裁剪机、先进的液压成型机、碳纤维制件预成型编织机、自动化总装流水线、智能机器人、智能化仓储设备、专用模具等成套生产设备。

"蓖麻生物基聚酰胺合金材料生产"项目，由大同泽源生物科技有限公司投资建设，项目投资 2.8 亿元。建设内容为建设年产 1 万吨蓖麻生物基耐高温聚酰胺 11／10T 和聚酰胺 11／6T 材料生产线，以及生产上述产品所需要配套的公用工程与设施；同时建设处于国际先进水平的蓖麻生物基长碳链聚酰胺材料研发中心。

"大同汽车整车生产"项目，由上海嘉烜实业有限公司投资建设，项目投资 36 亿元。以目前商用车整车研发、设计生产为基础，在大同打造新能源汽车生产与研发基地。全部建成后将形成年产 10 万辆，涵盖商用车完整品系的生产基地。建设内容为年产 10 万辆商用车四大工艺生产线、研发中心、营销中心、办公生活设施、停车场及试验场地。

"宏鑫岩棉二期"项目，由大同宏鑫岩棉科技有限公司投资建设，项目投资2.3亿元。建设内容为年生产加工100万平方米金属岩棉夹芯板和年生产加工5万吨钢结构，建设厂房、办公楼、宿舍楼等。

"云中e谷大数据中心（一期）"项目，由大同普云大数据有限公司投资建设，项目分三期，总投资约74亿元，一期投资18亿元，建筑面积约12万平方米。单体建筑为地下一层地上三层，总建筑面积7.57万平方米，机房高架地板面积2.5万平方米，采用UpTimeT3＋、国标A级标准建造，可容纳10000台高密度机柜（合标准机柜30000台）同时运行，并同步建设成开放式大数据产业集聚服务平台。目标是建成一个以超大规模数据中心、智能制造产业孵化基地和示范基地为核心的综合性产业园。项目已被列入山西省2019年重点推进重大产业项目，承担着山西省、大同市产业转型的重要任务。

"新能源汽车充电桩生产"项目，由山西盛方圆新能源科技有限公司投资建设，项目投资2亿元。建设内容包括办公、生产车间、仓库、生产辅助设施等，该产业主要产品有一体式一机一枪直流充电桩30KW、45KW、60KW、75KW、90KW；一体式一机双枪直流充电桩60KW、90KW、120KW；交流充电桩7KW、14KW、40KW、80KW。

以上项目的规划建设充分展现了大同市对资源型产业转型发展的决心和行动。

（二）兴县经济技术开发区（铝镁新材料产业）

兴县是山西省面积最大的县区，在3168平方千米的土地上，已发现煤炭、煤层气、铝土矿、白云岩等23种矿产资源。其中：煤炭预测储量461亿吨，铝土矿预测储量8.5亿吨，煤层气预测储量2500亿立方米。具有煤、铝、白云岩、煤层气等资源，尚未大规模开发，且铝资源品质好，开采条件十分优越，具有独特的产业优势。

2017年10月19日，兴县经济技术开发区被省政府正式批准设立，兴县转型发展迎来契机。乘着山西改革创新、转型发展的东风，开发区建设一日千里，逐渐成为全县经济发展新的增长极和探索新技术、新模式、新业态的火车头。多业并进，科技创新，打造国内最具竞争力的铝镁新材料产业集聚区。

目前，开发区内山西焦煤晋兴公司煤炭产能达到1500万吨，华电锦兴公司煤炭产能达到800万吨；煤层气日产达到130万立方米；华兴铝业氧化铝产能达到200万吨；中润公司电解铝产能25万吨，二期50万吨电解铝项目场地已平整；中德工业园（德盛镁）轻量化铝镁部件项目、高端铝系脱氧剂及超导铝合金项目等5个铝材深加工项目正在加快建设。全省唯一的增量配电网试点吕梁增量配电网工程25万吨电解铝启动生产。

为加快产学研一体化发展，2019年12月，开发区与太原理工大学签署了全面合作协议，共建兴县铝镁新材料研究院，为开发区内企业提供项目论证、新技术研发、传统产业升级、科技成果转化、铝镁材料深加工技术攻关等全方位服务。

未来，开发区将围绕"煤炭就地转化电力，铝水不落地"的目标，大力推进煤电（电网）铝镁材一体化发展，发展航空用铝镁合金、汽车用铝、铝压铸件等高端产品，全力打造国内最具竞争力的铝镁新材料产业集聚区。目前已有中国铝业、中国华电、山西焦煤集团、山西国际电力等11户企业入驻开发区，"四上"企业7户，高新技术企业1户，形成2300万吨煤矿、200万吨氧化铝、50万吨电解铝产能。2019年，升发区投资强度、产出强度、税收强度分别达到281.5万元/亩、277.5万元/亩、38.6万元/亩；主营业务收入156.6亿元，非煤产业产值54.3亿元，工业增加值66.3亿元，税收收入21.8亿元，利用外资和高新技术企业实现"零"的突破。

### （三）太原中北高新技术开发区

作为省会城市的太原，科研实力在全省处于较高水平。2020年4月，太原不锈钢产业园区更名为太原中北高新技术开发区的申请正式获批。随着开发区的更名，主导产业也将由不锈钢制品调整为新一代信息技术、新材料、智能制造。产业园区位于太原市北部尖草坪区108国道两侧、新兰路以东区域，规划控制总面积约1486公顷。园区于2002年开始筹建，太原不锈钢园区是2006年经国家发改委核准成立的省级开发区，也是工信部批准的国家新型工业化产业示范基地和国家发改委、财政部批准的国家级循环经济试点园区。园区于2003年10月开工建设，2004年8月一期建成并正式开园。园区规划控制面积16.98平方千米。

形成不锈钢为特色，集生产、加工、物流和贸易为一体的完整产业体系。

园区交通便利，铁路、公路四通八达，紧邻太原市市政主干道钢园路（108国道）、新兰路，距大运高速公路入口2.5千米，距市区主干道滨河东路4.7千米，距华北地区最大的航空港之一——武宿机场25千米，距太原北货运站4千米，距原材料供应园区——太原钢铁（集团）公司2.5千米。"北同蒲线""太古岚线""太宁线""太兰线""新兰路""恒山路""大同路""108国道"及"和平北路"等市政公路交织成网。

园区于2002年开始筹建，2003年10月，起步区正式破土动工，2004年8月28日一期工程建成开园。2006年4月，经省政府批准并报国家发改委审核后，不锈钢园区被批准为省级开发区。园区起步区一、二期工程已建设完成，三期工程不锈钢无缝钢管生产线项目已经建成，不锈钢国际物流中心、现货交易中心、不锈钢深加工中心等重大项目正在建设中。目前园区已有近百家国内知名企业顺利入驻。主要产品涉及不锈钢钢管、法兰、餐具、厨具、板网、小五金及工艺品等。2010年2月园区被工信部命名为"新型工业化产业示范基地"。

产业基础包括：新一代信息技术产业，以中国长城为依托，紧紧围绕先进技术力量和市场号召力，打造一个聚集度高、配套完善、生态完整的信创产业集群。新材料产业，以太钢大明、无缝钢管厂、金山磁材为代表，逐步实现由"材料加工"向"加工材料"转型。智能制造，以太原锅炉集团、东杰智能为代表，推动自动化、信息化、智能化步伐，是园区工业经济的重要支柱。园区拥有创业创新空间6家，其中国家级科技孵化器1家，省级科技孵化器1家，众创空间4家，总面积20万平方米，在孵企业及创客200余户，从业人员1800余人。制定了《园区招商引资优惠办法（试行）》《园区鼓励总部企业发展暂行意见》《关于发展众创空间推进大众创新创业的实施细则（试行）》《园区关于建设创新创业人才高地的实施办法》《关于促进园区金融振兴的工作意见》等系列优惠政策。

（四）中国电科（山西）电子信息科技创新产业园

科技在地区经济转型发展中起着关键作用。2018年3月12日，中国电科（山西）电子信息科技创新产业园项目签约仪式在山西转型综改示范区举行。示范区管委会与中电科电子装备集团有限公司签订《中电科电子装备集团有限公司太原片区

"一所两公司"土地回购及搬迁扩建项目合作协议》，以及《中国电科（山西）电子信息科技创新产业园项目投资协议》和《补充协议》。此次签约，标志着中国电科（山西）电子信息科技创新产业园项目正式落户综改区。

中电科电子装备集团有限公司一直致力于碳化硅三代半导体技术、电子装备智能制造和光伏新能源产业方面创新研究，特别是作为三代半导体国家战略的承担者，中电科电子装备集团有限公司依托中国电科集团的"国家队"综合实力，将碳化硅作为项目重要内容，建设世界级"三代半导体科技创新中心"。该产业园由中国电科（山西）三代半导体技术创新中心、中国电科（山西）碳化硅材料产业基地、中国电科（山西）电子装备智能制造产业基地、中国电科（山西）光伏新能源产业基地组成。中国电科（山西）电子信息科技创新产业园统筹配套项目、统筹规划建设，以实现对园区"一个中心、三个基地"（碳化硅材料产业基地、新能源产业基地、电子装备智能制造产业基地及三代半导体技术创新中心）动力能源设备的统一、高效、安全、有序管理为目标，提高综合运行效率，为产业园的持续发展提供了稳定坚实的基础保障。

中国电科（山西）电子信息科技创新产业园是山西省战略性新兴产业集群构建中重要的发展载体之一，是经济高质量发展在产业园区建设中的探索。

## 第二节　山西省资源型产业转型基本情况

在"十五"和"十一五"规划期间，依赖煤炭、钢铁等资源型产业发展起来的山西经济在近年出现了疲软状态。资源型产业转型，尤其是寻求一条可持续发展道路，成为山西经济发展的第一任务。2018年2月，国务院正式批复太原为首批国家可持续发展议程创新示范区之一，作为山西省会城市，太原市始终在山西省产业转型升级中起到"排头兵"作用。可持续示范区的建设也对山西省资源型产业转型发展提出了更高的要求。

以产业技术创新为驱动力的产业转型最主要的表现形式是产业链延伸。"产业链"概念明确提出是在中国，其体系的完善补充一直伴随着中国产业发展进程。我们认为，产业转型包括产业结构转变、产业发展的主要驱动要素转变、产业梯度转移、高附加值产业产值比重增加等，绝对不是摒弃原有产业基础而盲目发展所谓的新行业。传统观念强调企业内部价值链升级，这与现在强调的全链条是部分和全部的区别。"全链条"是一个跨学科概念，与产业发展理论中的"产业链"概念相关，更强调全领域、全范围的发展理念。在产业转型的过程中，政府、社会和企业是一个有机整体，任何一个环节的漏洞都会产生负面的连锁影响，甚至影响转型最终的结果。

山西省工业发展受政策和历史进程影响巨大，地理位置和资源禀赋造就了山西省以煤炭为主体的工业结构。资源的不可持续性和产业升级换代的趋势成为制约煤炭等传统制造业发展的主要原因。山西省资源型产业是时代发展的产物，也必然要跟随技术进步和产业改造的脚步进行升级。与其他中部省份相比，山西省的区域位置使得承接产业转移并不是山西省资源型产业转型的最优之选。依靠产业的内生性发展，技术层面的产业改造才是必经之路。

"煤炭黄金十年"过去之后，经济增长方式有了全面转变。经济发展初期的粗放式开发带来了短暂的较大经济效益，这种效益的不可持续性使得企业、社会和政府都陷入调整转型的瓶颈期。"十二五"以来，思路转变为先导，行为紧跟变得越来越急迫；"十三五"建设的开展将产业转型推向了全面实施阶段，并取得一定成绩。

**图2-1 山西省煤炭生产量和本省消费量（单位：万吨）**

数据来源：《山西省统计年鉴》(2012—2018)

通过图2-1可以看出，"十二五"规划至"十三五"规划期间，在"去产能"和"供给侧改革"战略指导下，山西省煤炭生产量和本省消费量基本无大变动，趋势平稳。产能低、污染严重、设备落后的企业或停产关闭，或兼并重组，低效产能状况已经得到较好改善。从供给侧角度的改革初见成效，过剩产能退出，产能利用效率提升，收入利润增加，有效缓解了供求关系。具体数据见表2-2。山西省煤炭行业规划2020年退出过剩产能1亿万吨，截至目前，已经完成过半。

**表2-2　山西省煤炭钢铁行业化解过剩产能（2016—2018）**

| 年份<br>项目 | 2016 | 2017 | 2018 |
|---|---|---|---|
| 关闭煤矿数量(年) | 25 | 27 | 36 |
| 退出煤炭过剩产能(万吨) | 2325 | 2265 | 2330 |
| 退出钢铁过剩产能(万吨) | 82 | 170 | 190 |

数据来源：山西省发改委官网，《山西省政府工作报告》

　　同时，我们也应该看到转型发展形势依然严峻。考虑到统计口径和可比性，我们选取了2011年、2015年的山西省工业细分行业增加值排名数值进行对比，工业增加值前六位所占比重均在八成以上。煤炭开采和洗选业增加值占比2010年为58%，2016年为48%，比重仍然较大。具体见表2-3。发生变化的是2011年前六位细分行业中有化学原料及化学制品制造业，2016年则是计算机、通信和其他电子设备制造业跃居第四位。产业转型发展需要高端装备的配套，如果本身装备制造业无法匹配，则需要花费大量资金购买，这又为产业转型加大了难度。

**表2-3　山西省工业细分行业增加值排名**

| 排名 | 2011年 | 2016年 |
|---|---|---|
| 1 | 煤炭开采和洗选业 | 煤炭开采和洗选业 |
| 2 | 黑色金属冶炼和压延加工业 | 电力、热力、燃气生产和供应业 |
| 3 | 石油加工、炼焦及核燃料加工业 | 黑色金属冶炼和压延加工业 |
| 4 | 电力、热力、燃气生产和供应业 | 计算机、通信和其他电子设备制造业 |
| 5 | 化学原料及化学制品制造业 | 石油加工、炼焦和核燃料加工业 |
| 6 | 有色金属冶炼及压延加工业 | 有色金属冶炼和压延加工业 |

数据来源：《山西省统计年鉴》2012年、2017年

第二章　资源型产业转型与可持续发展路径

## 一、山西省煤炭产业转型

### （一）山西省煤炭产业基本情况

中国煤炭资源分布极不平衡，北多南少，西多东少。在昆仑山—秦岭—大别山一线以北地区，煤炭资源量占全国的90.3%，其中太行山—贺兰山之间地区占北方地区的65%；昆仑山—秦岭—大别山一线以南的地区，只占全国的9.7%，其中90.6%又集中在川、云、贵、渝等省市。

在大兴安岭—太行山—雪峰山一线以西地区煤炭资源量占全国的89%，该线以东地区仅占全国的11%，是煤炭贫乏地区。中国煤炭资源和现有生产力呈逆向分布，从而形成了"北煤南运"和"西煤东调"的基本格局。大量煤炭自北向南、由西到东长距离运输，给煤炭生产和运输造成很大压力。

山西煤炭资源储量大、分布广、品种全、质量优，含煤面积6.2万平方千米，占全省面积的40.4%；119个县（市、区）中94个有煤炭资源。山西是我国重要的煤炭生产、调出和转化区域，煤炭开发及利用相关产业的快速发展，对保障全国能源安全稳定供应和推动当地经济社会发展做出了巨大贡献，煤炭及相关产业在山西国民经济建设与社会发展中具有十分重要的地位。中华人民共和国成立至2018年底，山西省累计生产原煤190亿吨，占全国800亿吨累计产量的1/4左右，外调量超过120亿吨，占到全国外调量的70%。煤炭行业是山西省最重要的经济组成部分之一，2006年到2011年，山西省煤炭采选业固定资产投资呈现出持续增长的趋势，在2011年占到全省固定资产投资的16.82%。由于煤炭行业产能过剩及去产能推进，2012年后投资有所下降，但2017年增速已由负转正，随着优质产能替代落后产能，煤炭采选业固定资产投资将维持高位。

山西焦煤块度大、裂纹少、抗碎强度大、抗磨性好，为炼焦用煤之珍品。利用焦煤，可得到焦炭、焦油、焦炉气。焦炭除供给冶炼外，还可造气和电石。而焦油和焦炉气可作为燃料，还能提炼数十种化工产品。山西河东煤田中、南部的离石、柳林和乡宁矿区属低硫、低灰主焦煤。所产焦炭为特优焦炭，列为全国之重点。肥煤是炼焦用煤的一种，用肥煤炼出的焦炭横裂纹多，焦根部蜂焦多，易碎，但肥煤的粘结力很强，能与粘结力较弱的煤搭配后炼出优质煤。因该肥煤品种稀少，只占全国探明煤炭资源的5%，而山西探明肥煤的储量约占全国的50%，主要分布在霍州矿区、三交矿区和古交矿区。无烟煤是高变质煤，具有坚硬、光泽强等特点，燃烧时间长，火力旺。无烟煤主要用于化肥、化工生产。阳泉无烟煤因具有可磨好的特点，是理想的高炉喷吹用燃料。晋城、阳城一带的无烟煤被称为兰花炭闻名中外。瘦煤是炼焦用煤中之配煤，性能与焦煤相近。瘦煤焦炭块度大、裂纹少，但熔融性和耐磨性差，其用途除作炼焦配煤外，还可用于造气、发电和其他动力用煤。山西沁水煤田、西山煤田、霍县煤田和河东煤田等都蕴藏着丰富的瘦煤资源。弱粘结煤是炼焦煤与非炼焦煤之间的过渡煤种，主要用作造气、燃料和配焦。山西大同矿区盛产低硫、低灰、低磷的弱粘结煤，是全国最大的优质动力煤基地。气煤是炼焦煤种之一，粘结性偏下，主要用作配煤炼焦。褐煤是未经变质的煤，外以朽木内含原生腐植酸。其主要特点是含水多、比重小、热量低，可制取活性炭、硫化煤、褐煤蜡、腐植酸、腐植酸铵肥料和其他化工产品。长焰煤是变质程度最低的煤，无粘结性和结焦性，主要用作燃料，可制半焦、煤气、焦油，造气后可制合成氨等。贫煤是变质程度最高的烟煤，无粘结性。燃烧时火焰短，延续时间长，主要用作动力煤，也可造气，用作合成氨原料和气体燃料。太原西山、阳泉、和顺、寿阳矿区有丰富的贫煤资源。

山西省位于黄河中游东岸，华北平原西面的黄土高原上，相对于陕西、内蒙古等煤炭主产区，距离更接近华北、华东、华南等煤炭消费地。中华人民共和国成立至2018年底，山西省累计煤炭外调量超过120亿吨，占到全国外调量的70%。山西省目前已经形成了铁路、公路、水运为主的综合煤炭运输体系。随着省内铁路网的完善，通过铁路外运的煤炭占到外运总数的70%~80%。山西的铁路煤炭运输通道大体分为南部、中部、北部运输通道及纵贯山西全省的同蒲线几大部分。南部通道主要运输无烟煤、肥煤和焦煤，由太焦线、侯月线等组成。中部通道由石太、邯长两条干线为主。北部通道由大秦线、神朔黄线、丰沙大线等干线构成。上述的三大通道由南、北同蒲线联通，煤炭集运的功能由其担负。

在北煤南运、西煤东运的过程中，水路运输能力仅次于铁路。山西主要通过秦皇岛港、黄骅港、天津港和日照港下水，再运往上海、江苏、浙江等沿海省市。以山西为中心的运煤铁路已经形成成熟的运输网络，煤炭外运能力达到7亿吨/年。

山西省"十四五"规划中明确提出，推动煤炭清洁高效开发利用，加快煤矿绿色智能开采，推进煤炭分质分级梯级利用，将碳基新材料作为煤炭产业可持续发展的根本出路，大幅提升煤炭作为原料和材料使用的比例。

自1997年亚洲金融危机爆发以来，由于多方面原因，我国煤炭行业经历了将近5年的全行业低迷，煤炭行业全行业陷入整体亏损。2002年以来直到2012年，煤炭行业由复苏、繁荣乃至疯狂，造就了煤炭行业的所谓"黄金十年"。自2012年开始由于产能严重过剩和我国宏观经济的深度调整，煤炭行业再次陷入低迷。

当前，我国煤炭行业面临转型升级关键阶段，打造煤炭行业升级版势在必行。而打造煤炭行业升级版，既存在机遇也面临挑战。当前，煤炭企业要立足自身实际，加快推进产业结构调整，切实转变发展方式，构建产业发展新体系，打造富有自身特色的煤炭行业升级版。打造煤炭行业升级版，要面向"十四五"，必须坚持系统性优产能、绿色发展和全产业链清洁高效利用"三大方向"，为煤炭行业转型升级奠定坚实基础。

近年来，煤炭企业坚持走多元化、高端化、绿色化、服务化发展道路，通过兼并重组、参股控股、战略合作、资产联营等多种形式，推动煤炭企业与上下游产业、新技术新业态融合发展，从传统的煤炭开采业向现代产业体系嬗变，初步形成煤炭开采、电力、煤化工、建材、新能源、现代物流、电子商务、金融服务等多元化产业协调发展格局。数据显示，截至2016年底，煤炭企业参股、控股电厂权益装机容量1.8亿千瓦，占全国火电装机的17%左右。煤制油、煤制烯烃、煤制气、煤制乙醇产能分别达到750万吨、700万吨、31亿立方米、300万吨。通过走多元化、绿色化、高端化发展道路，实现了煤炭深加工转化和全产业链整体升级，极大地提升了产业价值链和产品附加值，有效地提升了煤炭行业的整体发展质量和效益。

"陕煤化模式"：陕西煤业化工集团坚持以煤炭开发为基础，以煤化工为主导，多元发展的战略思路，通过投资新建、收购兼并、内部重组等各种途径，使集团的全资、控股、参股企业发展到58个，形成"煤炭开发、煤化工"两大主业和"建筑施工、机械制造、电力、物流、金融服务"等相关多元的产业发展格局。正是由于这些多元产业的快速发展，成就了类似陕煤化这些传统煤炭企业的跨越发展。

"兖矿模式"则更具有代表性了，因为兖矿位于我国东部沿海的山东省，属于经济发达、人口稠密地区，且不具备煤炭资源优势，矿井大部分有40年左右开采史，井深居国内前列。兖矿集团党委书记、董事长李希勇介绍说，近年来，兖矿集团坚持科技引领，优化转型路径，实施"四轮驱动"——煤炭、化工、装备制造、金融投资，已经初步建设成具有国际化特色新型能源集团和产融财团，是我国目前唯一一家拥有境内外四地上市平台的煤炭企业。2016年7月召开的全国国有企业改革发展座谈会上，马凯副总理对兖矿集团的改革创新、转型发展给予高度评价，国务院国资委将兖矿集团确定为除央企外重点宣传的地方省属国有企业之一。

（二）山西省煤炭企业整合发展

中华人民共和国成立初期，山西省成立大同矿务局、轩岗矿务局、西山矿务局、汾西矿务局、阳泉矿务局、霍州矿务局、潞安矿务局、晋城矿务局等八大矿务局。随着国有企业改革，这八大矿务局也出现了新的变化：轩岗破产被大同矿务局兼并，联合晋北一些地方煤炭企业组建了同煤集团，西山、汾西、霍州三家资产重组为焦煤集团，而阳泉、潞安、晋城三家矿务局也先后告别工厂制，分别改制为阳煤集团、潞安集团、晋煤集团。山煤集团前身为山西省地方煤炭对外贸易公司，晋能集团是由原山西煤炭运销集团与山西国际电力集团合并成立。山西省内国资同质化竞争严重的问题，明确将通过专业化重组优化配置同类资源、提高产业集中度、增强市场竞争力。2017年9月11日，《国务院关于支持山西省进一步深化改革促进资源型经济转型发展的意见》也指出，鼓励有条件的煤炭和电力企业通过资本注入、股权置换、兼并重组、股权划转等方式，着力推进煤矿和电站联营。山西省煤企一直存在"大而不强"的问题，2016年神华集团煤炭产量4.3亿吨，山西省七大煤企之首的同煤集团产量仅为1.2亿吨。山西省七大煤企的资产负债率仍旧很高，仍未走出困境。2020年4月到10月，山西省属煤炭企业从过去的"七足鼎立"，战略性重组至1家能源集团、1家煤企"双航母"领航的新格局。此次重组整合，不仅是山西省属国企新一轮战略性重组的重要节点，也是我国能源行业改革进程中的一件大事。山西对省属煤炭企业进行战略重组，形成晋能控股集团和焦煤集团能源产业"双航母"领航的新格局。同煤、晋能、阳煤、潞安、晋煤五大国企合并成立晋能能源控股集团。

系统性优产能是打造煤炭升级版的资源基础，绿色发展是打造煤炭工业升级版的必由之路，全产业链清洁高效利用是升级版的终极归宿。由于煤炭是从地层深处获取资源，因此在煤炭勘探开发过程中伴生有大量的副产品如煤层气、煤矸石、矿井水、高岭土、砂岩等非金属资源和铝、锂、镓等金属资源。煤层气，俗称煤矿瓦斯，是一种非常规天然气和清洁高效的高能能源，但长期以来却是煤矿井下灾害的第一杀手，对瓦斯的全面抽采利用可实现变害为宝；煤矸石是煤矿开采过程中产生的固体废弃物，长期以来煤矸石占用大量耕地且易自燃，极易造成严重污染甚至生态灾难；矿井水是煤矿水害的重要来源，如实现矿井水的清洁利用，不但可以节省水资源，还能变害为宝。其他诸如高岭土和金属资源，如能精细化开采和高效选矿，都是非常好的、稀有贵重的战略资源。

### （三）山西省煤化工产业发展路径

煤炭产业链延伸对水资源、生态、环境和社会配套条件要求较高，生态、环境等方面的承载能力已成为煤炭产业链演化的关键约束因素。按照经济效益、生态效益和社会效益最大化的原则，确立煤炭产业链发展的最优路径是煤炭产业链发展的必然要求和经济社会可持续发展的现实需要，也是资源型产业转型与可持续发展相结合的体现之一。

煤化工是指以煤为原料，经化学加工使煤转化为气体、液体和固体燃料以及化学品的过程。主要包括煤的气化、液化、干馏以及焦油加工和电石乙炔化工等。我国是世界上最大的煤化工生产国，煤化工产品种类多、生产规模较大。煤制合成氨，煤制甲醇、电石和焦炭的产量已位居世界第一位，也是世界上唯一大规模采用电石法路线生产聚氯乙烯的国家。随着世界石油资源不断减少，用煤炭资源及其伴生资源做原料来生产燃料及油品是解决我国石油资源短缺的一个重要方向，发展煤化工具有广阔的前景和十分重要的战略意义。

目前我国煤化工行业呈现快速发展的态势，但行业的高速发展带来了许多问题，如由于一些地区盲目上马煤化工项目，造成大量重复建设，加大了产业的风险；煤化工的盲目建设和过度发展加剧了煤炭供需矛盾，也影响到全国合理控制能源消费总量；大部分煤化工属于高耗水产品，产业的无序发展引发区域水资源供需失衡等。

国内规模较大的煤化工企业位于山西的非常多，包括山西焦化集团有限公司、山西兰花科技创业股份有限公司、太原煤气化股份有限公司、山西天脊煤化工集团有限公司、山西晋煤集团等。煤化工企业在市场上的竞争优势来自企业所提供煤化工产品以及深加工产品的质量、功能以及单位成本等方面。为了获取这些竞争优势，煤化工企业需要进行技术创新，采用先进的生产工艺和设备，提高产品的质量和生产效率；同时采取差异化经营的策略，用以满足下游消费群体的多样化需求；还要对管理理念和管理手段进行创新，用以提高煤化工企业整合资源和高效运作的能力，从而用质优价廉的产品扩大市场容量，提高市场占有率，凸显企业的竞争优势。

山西省煤化工产业发展必须依托煤化工产业基础和比较优势，围绕高端碳材料和碳基合成新材料两条路线，建链、补链、延链、强链，推动产业走向高端，产品趋向终端，培育新的碳基新材料产业集群；必须保持和巩固传统特色优势，坚持现代煤化工发展提升，并向下游产业链延伸，按照晋北现代煤化工稳步发展、晋中焦化与煤化优势互补、晋东劣质煤有效利用3条发展路径，依托产业、基地、园区、企业、项目五位一体全力推进，走出一条具有山西特色的煤化工发展之路。把总结经验与教训作为山西煤化工高质量发展的重要基础，结合发展现状找出问题，分析问题，解决问题，少走弯路；要以安全绿色发展为前提，不断提升行业安全、绿色发展水平；要以低碳多元循环为重要原则，坚持加快能源技术创新，建设清洁低碳、安全高效的现代能源体系，以市场需求为导向推动煤化工原料供应多元化、产品终端多元化的高质量发展；要以技术创新为核心，全面提升煤化工技术装备水平，最大限度地降低生产成本，提高煤化工产业的核心竞争力；要以高端化、市场化、差异化、集约化为煤化工发展的重要路径，以大型化、现代化、标准化、智能化为重要方向，改变产品低端过剩、高端缺乏的局面，发展高端专用化学品和化工新材料，实现规划科学、布局合理、产业协同、管理高效、集群发展的目标。

通过对煤化工企业深度调研，可以更好地了解该行业发展现状。山西晋煤华昱煤化工有限责任公司成立于2011年10月21日，是山西晋城无烟煤矿业集团有限责任公司的全资子公司，负责晋煤集团"高硫煤洁净利用循环经济工业园"项目筹备、建设和运营。该项目在推动山西省"国家资源型经济转型综合配套改革试验区"进程中具有重要的示范意义。

"高硫煤洁净利用循环经济工业园"位于晋城市阳城县北留周村工业园区，是山西省确定的"一市两园"项目，规划占地约12平方千米，分三期实施建设。一期项目重点建设高硫煤洁净利用化电热一体化示范项目（240万吨/年氨醇）、100万吨/年甲醇制清洁燃料（MTG）项目、IGCC发电400MW。高硫煤洁净利用化电热一体化项目采用国内具有自主知识产权的粉煤加压气化技术、国际上先进的大型合成氨及IGCC洁净发电技术和装备，实现高硫煤洁净利用、矿井瓦斯高效利用、化电联产、电热联供。甲醇制清洁燃料项目采用埃克森美孚公司先进的MTG工艺技术生产出合格清洁燃料，副产LPG和燃料气。

煤化工企业转型过程中遇到的最大问题是工艺改造，由之前的固定床改造成现在的航天炉。需要投入资金100亿，而晋煤华昱是由晋煤集团全资支持，2017年10亿，2018年21亿，2019年25亿。同时晋城市委领导也对该项目有支持，生产汽油项目省政府2018年支持2000万，生产甲醇项目2019年支持5000万。技术先进，并且可复制。利用新工艺是未来的趋势，减少污染，资源合理利用。目前80%以上的煤化工企业用的都是淘汰的工艺。为了缓解环保压力，降低成本，淘汰旧工艺，改造成先进的航天炉新工艺是有市场的，而且是可复制的。国家规定不能开采含量高于0.5的高硫煤，而大于3的话就是超高硫煤，本企业的技术可以解决此问题，将硫转化为硫酸这种工业的基础原料，变废为宝。项目2016年开始，2018年8月投产，生产周期短，两天就能有产品出产，2018年自开始投产到年底，生产甲醇26万吨，单价20万元每吨，收入有6个亿，实现利润3000多万元。

在企业发展的过程当中，人才是至关重要的因素，华昱公司同样。公司对于现场操作工人采取企业自己培养的方式，而管理、技术管理人员一般会采取外聘的方式。公司的人员结构偏年轻，一方面因为老员工不懂新技术，另一方面工资待遇要求高，员工培训成本大概每人每天100元。员工招聘通过校园招聘应届毕业生，主要是开封化工技术学校毕业的学生，因为山西省没有专门的化工学校，建议山西职业院校要与企业建立定向培养办法，既解决学生就业问题，也解决企业的员工问题。招聘企业职工子女，一方面为职工福利，但是存在上进心不够，学习积极性不高的问题。为补充这方面的不足，企业进行社会招聘，择优录取。

通过调研，发现晋煤华昱公司是盈利的、可复制的、可深加工的以及有一定的环保效应。在生产过程中，其产业链是可以延伸的，因为甲醇是最基础的工业材料，可以用甲醇生产甲醛、醋酸、药品等。存在的问题有：税收、人才、前期的拆迁问题，需要政府干预，为企业优化营商环境。

## 二、山西省石墨烯产业转型

### (一)石墨烯产业发展现状

新材料产业是国民经济战略性、基础性产业，是装备和制造的基石，是核心竞争力的重要支撑。石墨烯被誉为"工业味精"，是目前已发现的最轻、最薄、强度最大、导电性和导热性最好的物质，它的出现也刷新了人类对于物质世界和微观世界的认识。石墨烯是由碳原子紧密堆积构成的具有蜂窝状结构的二维原子晶体薄膜，作为碳纳米材料的代表，石墨烯具有超高的机械强度、良好的导电导热性能、高光学透明度和超强导电性等优异性能，因此在电子信息、航空航天、高端装备、新能源和环境保护等领域展示出诱人的应用前景，成为科研和产业界的"明星材料"。发展石墨烯新材料产业，对带动我国相关产业技术革新、加快传统产业转型升级、培育经济发展新动能具有重要意义。目前，石墨烯已经逐渐走出实验室，进入产业化初期阶段，预计在未来20年，石墨烯将逐渐实现其产业化应用。

石墨是制备石墨烯的重要原料之一，近十年来我国石墨产量稳居全球第一，目前国内年产量稳定在80万吨左右。我国晶质石墨资源主要分布：黑龙江43%、内蒙古27%、四川7%、山西6.5%、山东5.4%，前5个省市储量合计占比约为89%。隐晶质石墨资源储量约6485万吨，主要分布：内蒙古58%、湖南14.7%、吉林13.7%、广东5.9%，前4个省区储量合计约占全国的92%。

我国是世界上最早发展纳米科技的国家之一。2001年7月，科学技术部会同有关部委，组建"国家纳米科技指导与协调委员会"。委员会负责指导和协调我国纳米科学技术工作，并联合下发《国家纳米科技发展纲要》，对我国纳米科技发展起到非常重要的引领和指导作用。2006年国务院发布《国家中长期科学和技术发展规划纲要（2006—2020）》，指出纳米科技是我国"有望实现跨越式发展的领域之一"。在《纲要》的指导下，各部委制订相关政策和研究计划，对纳米材料的主流研究方向进行了系统布局和持续支持。

随着我国石墨烯研发成果的不断积累，我国石墨烯产业化稳步推进。目前国内已经有数家企业具备年产百吨级石墨烯的生产能力，如常州第六元素、宁波墨西、唐山建华等。在产业化应用方面，部分企业已经在导电浆料、导热膜、功能涂料、导电油墨和触控屏等产品上开展了应用示范。石墨烯产业主要聚焦于长三角地区，尤其是江苏、浙江两省，石墨烯产业体系相对完整、发展氛围活跃，基本涵盖了生产、制备、应用、售后等全产业链格局。

从石墨烯企业分布情况来看，涉及应用方面的企业最多，占比近4成。其次为研发领域，占比19%。技术服务、制备领域的企业数量各占14%。国内石墨烯产业较为成功的企业，共同点在于重视科研，有依托的科研机构，进行产学研合作，组建技术研发团队。我国石墨烯应用领域中，新能源电池占比最大，达71.4%，其次为涂料领域占比达114%，医疗健康和复合材料领域占比均达7.1%，节能环保和电子信息领域占比均达1.4%。

随着批量化生产以及大尺寸等难题的逐步突破，石墨烯的产业化应用步伐正在加快，基于已有的研究成果，应用领域分布广泛，包括新能源电池、电子制造、节能环保等领域。

（二）国内石墨烯产业成功案例

通过对国内石墨烯成功经营企业进行分析，总结出该行业发展所需条件。

1. 宁波墨西科技有限公司

宁波墨西科技有限公司是北京墨烯控股集团有限公司旗下子公司，成立于2012年4月，坐落于宁波市慈东滨海区，占地140亩，注册资金2.4亿元。公司专注于石墨烯材料的生产、销售和应用技术研发，通过引进中国科学院宁波材料技术与工程研究所的石墨烯产业化技术，于2013年底建成首期年产300吨石墨烯生产线，2015年通过技改，产能达500吨。旨在成为全球领先的石墨烯材料供应商和应用技术解决方案提供者。公司主要研发力量依托于中国科学院宁波材料技术与工程研究所，拥有石墨烯材料领域的高素质研发团队和领先的研发技术，组建了石墨烯制备与应用技术研究院，2013年被遴选为浙江省重点企业研究院。

公司成立伊始就秉承"科技推动梦想，创新引领未来，合作创造共赢"的理念，提倡以客户需求为导向，技术创新为核心竞争力，质量管理体系为基础，致力于成为石墨烯领域具有领先地位的高技术企业，努力践行"科技成就梦想，让石墨烯走进生活"的使命。综上，研发实力较强是墨西科技公司成功的主要原因。

2. 银基烯碳新材料集团股份有限公司

银基烯碳新材料集团股份有限公司成立于1989年，于1998在深圳证券交易所上市，是东北地区在深交所第一家上市公司。2000年，公司战略转型房地产，成为东北当地较大的房地产开发商之一。2013年公司开始进军石墨烯暨先进碳产业，打造石墨烯产业化的枢纽型服务平台。2016年战略性进军新能源汽车行业，推动新能源汽车对传统燃油汽车的全面替代，实施以动力电池为核心，以电机电控为补充，布局新能源汽车全产业链的发展方针。公司位于常州西太湖科技园区，毗邻著名的江南石墨烯研究院，公司研发中心聚集了一大批国内材料学、电化学、工艺学、机械设计、电气设计、量子仿真方面的技术精英，与国内一流高等学府、科研院所建立有广泛的科研合作与工程技术交流。以基础材料改性、模组结构优化、电池管理系统功能优化为主要研究方向。以电池、电机、电机控制器、整车控制器等核心零部件及其系统的协同创新为主要研究方向。石墨烯行业是企业转型之后选择的新材料产业方向，并成立了自己的研发中心，建立研发战略联盟，实施全产业链开发，从转型中找到了公司可持续发展之路。

3. 宝希（北京）科技有限公司

宝希（北京）科技有限公司（简称"宝希科技"）隶属国内石墨烯产业领军企业——宝泰隆新材料股份有限公司（简称"宝泰隆"，证券代码：601011），是一家集石墨烯下游应用产品研发、生产和销售于一体的新锐科技公司。宝希科技在黑龙江省七台河市新材料产业园建有大型石墨烯应用生产基地，拥有年产1000万片石墨烯电热膜的最新第四代石墨烯电热膜智能化全自动生产线、500吨智能化全自动配比系统水性石墨烯导电油墨生产线、500吨智能化全封闭石墨烯水性散热涂层生产线。

宝希科技依托宝泰隆完整的新能源新材料产业链，借助其在石墨烯材料生产和研发优势以及多年的技术积累，为宝希科技石墨烯应用产品提供高品质材料保障。公司在技术研发领域得到北京石墨烯研究院、中科院苏州纳米所南昌分院等知名研究院所的战略支持，必将进一步开拓石墨烯行业终端应用。

打造完整的产业链，与高校研究院等进行科研战略合作是宝希科技公司快速占领石墨烯下游产品市场的主要原因。

（三）山西石墨烯产业发展条件和概况

我省发展石墨烯产业的主要优势在于具备丰富的原材料。然而，石墨烯的制备需要尖端的制备工艺，但对资源消耗较少。目前石墨烯可量产的制备方法主要为氧化石墨烯还原法和化学气相沉积法（CVD）。氧化还原法的原材料为石墨，CVD法原材料则为甲烷、乙炔等含碳气体。据统计，世界石墨总储量共有7700万吨。无论采用氧化还原法还是CVD法，都不必担心原材料不足的限制，这是石墨烯产业发展的一大优势。

石墨烯的制备技术逐渐成熟。近几年来，国内在低成本、规模化制备石墨烯粉体的技术和工艺上有了较大进步。目前已经有数家单位具备了年产百吨级的生产能力。国内在石墨烯粉体领域的应用研究水平也同国内外不相上下。在添加剂应用领域，国内研究团队在学术上做出了开拓性工作并取得显著成果，石墨烯粉体可作为高端添加剂替代炭黑等材料，广泛应用于锂离子电池、高分子复合材料等领域。此外，国内虽然在石墨烯薄膜规模化制备上起步比较晚，但是已经迎头赶上，尤其是薄膜量产线的建立，在市场化上已经走在前面。

我国石墨烯产业的发展是从中小制造企业转型和海外留学人员回国创业中起步的，资金的投入基本以制造业企业和创投资金为主，虽然国家和地方政府出台了相关政策对企业予以支持，但在资金上投入很少。正是在这种背景下，研发及产业化方向多是以立即赚钱为目的，否则难以生存。截至2017年底，在工商、民政及事业管理局等有关部门注册的，含有石墨烯业务的单位有近4800家，经调研分析，已经开始从事石墨烯业务的单位有4800家。初步统计，2017年石墨烯相关产品销售约70亿元，主要为石墨烯在纺织、动力锂电池、铅酸电池、防腐涂料、散热材料以及大健康等传统产业转型升级产品。

我国石墨烯产业的发展也赢得国际同行的肯定和尊重。在石墨烯国际标准制定方面，我国已经同欧美日韩等石墨烯研发领先的国家开展了密切合作，并就联合制定国际标准达成共识和备忘录。同时，联盟也和欧盟旗舰计划签订了知识产权合作的备忘录，就知识产权运营开展进一步合作。

石墨烯产业发展仍然面临很多阻碍，比如基础研究原创不足，虽然国内在石墨烯论文数量上全球领先，但是从质量来看还是有不小的差距。国内学者论文的平均被引用次数还不到美国的一半（去除自引，国内每篇平均被引用10次，美国为30次），而且代表着国际最高水平的 *Nature* 和 *Science* 主刊上，迄今为止发表的关于石墨烯的400多篇文章中，其中国内学者为第一作者或者通讯作者发表的不足10篇。高技术研发已经战略被动，欧、美、日、韩等国对石墨烯应用在信息、生物、光电等战略高技术领域投入较大。一批大型企业，如IBM、英特尔、三星等在国家资金的支持下，在这些领域深耕，进行专利战略布局。截至目前，我国在这些战略高技术领域的布局、规划仍未形成，研发投入较少，国内企业也很少涉足。在这些领域我国已经形成战略被动，国家层面的系统布局亟待推进。

石墨烯发展有良好的产业发展政策环境。2016年以来，石墨烯被多项政策提及，"国家质量基础的共性技术研究与应用"重点专项，2017年《"十三五"材料领域科技创新专项规划》、2018年《新材料标准领航行动计划（2018—2020年）》

等均将石墨烯列入未来发展的重点领域。多项政策的支持为中国石墨烯产业发展提供了良好的发展环境。

山西省石墨储量丰富，产业技术含量较低，处于产业链的中上游，未形成有效产业规模。目前处于升级转化阶段。

石墨烯技术工程研究中心依托中国科学院山西煤炭化学研究所。中国科学院山西煤炭化学研究所与山西三晋碳基新材料科技有限公司合作开展的燃料电池石墨双极板材料项目，主要利用现有的煤沥青、石墨碎和电煅无烟煤等原材料，通过对煤沥青的改质处理和糊料配方等工艺优化，掌握高性能石墨化阴极炭块生产的中试制备技术。创建于1989年的山西三晋碳素股份有限公司坐落于晋中市太谷区，经过30多年的不断创新发展，现已成为世界知名、国内一流、全流程专业生产各类铝用炭素制品的新型股份制企业。公司主要生产基地位于山西省晋中市太谷区经济技术开发区，占地19万平方米、资产总额6.5亿元，拥有3个铝用阴极碳素制品生产厂、1个原料基地，总产能为8万吨，其中石墨化生产能力3万吨。

大同是山西省石墨烯产业发展较早的区域，充分利用石墨资源，打造石墨烯+新材料全产业链研发和生产基地，加快石墨烯下游产品的研究、开发、应用，打造石墨烯闭环产业链，构建石墨烯产业集群，创建技术领先型园区，为产业转型发展，实现"含金量、含新量、含绿量"全面提升提供有力支撑。2020年6月，山西大同市新荣区发现一处特大型石墨矿床，区内石墨矿物资源总量约1亿吨，规模为特大型石墨矿床。此次重大发现，为推动大同市石墨产业持续发展提供了重要资源保障。

2019年5月份，坐落于大同新能源产业城的石墨烯+新材料储能产业园一期工程正式开工，总投资25亿元。园区建有石墨烯科研和研发检测中心、石墨烯粉体和复合材料生产车间以及石墨烯科普基地等，并将构建石墨烯新能源应用、石墨烯功能涂料多条下游产业链。同年12月23日，园区内国内首条石墨烯粉体物理催化法生产线运行。石墨烯+新材料储能产业园项目致力于打造石墨烯+新材料全产业链研发和生产基地，形成创新链和产业链深度融合。建成投产后，可年产1.5万吨高性能磷酸铁锂正极材料、8000吨高性能纳米碳负极材料、60吨首创干式物理催化法石墨烯粉体、5000吨微孔铜箔铝箔以及600万平方米石墨烯远红外发热浆料、电热膜等产品，可实现年产值100亿元，解决5000余人就业问题。

山西省石墨烯产业具备本土一流的研究团队。中国科学院山西煤炭化学研究所石墨烯与新能源材料研究组（709组）秉持"料要成材，材要成器，器要好用"的研发理念，面向国家和山西省能源革命和新材料重大需求，立足材料学、电化学和化工学科基础，以石墨烯材料、新能源材料、功能材料、储能器件为核心研发方向，坚持基础研究和应用技术开发并重的协同发展模式，产学研结合，打造"原料—材料—器件—应用"创新链，逐渐发展成为在相关领域具有先进技术水平的现代化专业团队。

（四）山西石墨烯产业转型的政策建议

2019年《山西省新材料产业高质量发展三年行动计划（2019—2021）》（以下简称《行动计划》）印发，着力推进产业高端化、智能化、规模化发展，将其打造为助推山西省工业"结构反转"的新引擎。新材料指新出现的具有优异性能和特殊功能的材料以及传统材料改进后性能明显提高或产生新功能的材料，新材料产业是国家七大战略性新兴产业之一。结合自身资源优势，山西省新材料产业呈现良好发展态势，初步形成以先进金属材料、新型化工材料、新型无机非金属材料、前沿新材料、生物基新材料五大特色领域为主的产业体系。

2021年，"双碳"目标被相继写入政府工作报告和"十四五"规划，拉开了我国绿色低碳发展的大幕。石墨烯材料是典型的绿色环保材料。石墨烯用作建筑材料的添加剂，可以助力绿色建筑；石墨烯用于电池材料可以增加储能，用于地暖可以增进节能；石墨烯用于服装可以更加保暖，用作高排放的替代性产品，可以减少碳排放。目前山西省石墨烯产业集群程度低，缺少大型龙头企业，产品种类单一，应用范围不广。建议利用山西省大力发展新材料产业的契机，打造有技术含量的石墨烯产业园区，避免出现无序竞争和重复建设，建议政府出面进行石墨烯生产中小型企业的整合，对于石墨烯相关行业进行规范和整治。规范市场，出台行业法规，推动行业协会发挥作用。鼓励产学研合作，由政府相关部门打造基础技术研发平台，设立专项科研基金资助有专利的中小企业。鼓励大型企业开展自主研发合作，致力于产品开发应用，延长产业链，充实产业链技术含量。

### 三、山西省铝镁产业转型

除了煤炭，山西省主要矿产还有铝土矿、冶镁白云岩、金红石等资源。据统计，山西累计查明铝土矿资源储量16.2亿吨，保有资源储量约15.27亿吨，约占全国铝土矿资源储量的32.5%，位居全国第一。山西省铝土矿、镁矿储量均居全国之首，铝镁矿、煤炭、电力资源组合匹配也居全国前列，在发展铝镁工业方面有着得天独厚的优势。

（一）我国铝镁产业发展现状

从 2002 年到 2011 年，我国电解铝产量从 522 万吨增加到 1806 万吨，10 年来，我国电解铝产量稳居世界第一，成为世界电解铝产能和产量最大生产国。不仅在产量方面得到迅猛发展，在技术创新、优化结构、产业升级诸多方面都做出了瞩目成绩，为今后我国实现铝业发展目标奠定了扎实的基础。10 年间，在国家宏观政策引导和宏观调控下，企业间资源合理搭配，并购整合不断推进，一批真正具有国际竞争力的企业基本形成，铝行业大集团的形成和全产业的不断完善成就了我国铝工业又好又快的发展局面。党的"十六大"以来，我国镁产业从小到大，从弱到强，不断壮大。依靠科技进步，产学研结合，企业自主创新，引进消化再创新、循环经济发展等多种理念，成功研究开发了一大批镁合金及其加工技术、装备，突破了一些关键技术，显著提高了镁冶炼、加工生产技术装备水平，缩短了与发达国家的差距，提高了我国企业的国际竞争力，成绩卓著，为我国镁工业写下光彩夺目的一页。铝、镁合金，碳纤维材料先天优势明显，高强度钢兼具成本和强度优势。作为传统材料，普通钢铁材料在汽车上占有统治地位，但高强钢、铝、镁合金，碳纤维等材料与普通钢铁材料相比具有天然的优势。汽车轻量化，比如大规模使用铝合金，还可以降低汽车在生产、使用以及回收全寿命期间总的能量消耗。

有色金属镁产业链包括提纯、铸造、压铸以及应用等环节，经过多年发展，有色金属镁已经形成较为完备的产业链条。上游环节主要是将自然界各种形式存在的镁提纯加工成原镁，中游制造铸造环节是将原镁进行加工处理以待实际应用，例如铸造镁合金、铸造铝镁合金、炼钢脱硫等；下游主要为应用环节，镁合金和铝镁合金应用较为广阔，主要领域有汽车、军工、航空航天、3C产业、医疗器械等。

镁业的发展，应结合资源、能源和投资环境的优势，向规模化、专业化、集团化方向发展，提高产业的集中度，形成以镁为中心的产业群，把企业做强做大，做专做特。尽快提高镁产业国际化生产经营水平，以增强企业的国际竞争力，促进镁工业全面、协调、可持续发展。我国应用原镁提纯的主要方法为硅热法，由于设备投资少，技术难度小，原料存储量丰富等特点，参与原镁提纯上游环节的企业数量众多，竞争较为激烈，市场份额占比较大的公司多布局有色金属镁产业链，原镁提纯仅为公司业务中的一部分，节约中间成本，利润率较高，在行业中有较强的市场竞争力。原镁提纯及镁合金制造主要企业有云海特金、银光镁业、盐湖股份等。

在原镁制造及加工中，镁合金已经成为原镁消费增长的主要动力。相关统计数据显示，2018年镁合金约占全球原镁消费的35.6%，下游消费向镁合金转移，镁合金已经替代铝合金消费成为原镁需求的第一大领域。镁合金作为轻金属材料的新宠，是近年来研究的热点。镁合金的密度比铝合金还要轻33%，比钢材轻77%，是工业金属结构材料中最轻的。采用镁合金可以在铝合金实现的轻量化基础上再进一步减轻15%~20%。目前镁合金发展最快的北美，在三大汽车公司的某些车型上已经实现了单车使用20kg~40kg镁合金的水平。而欧洲和日本也在加快镁合金在汽车零件上的应用。据统计，到目前为止，汽车上已经实现了60多种零部件应用镁合金制造，成功应用镁合金零部件的车型有福特Ranger、雪佛兰Corvette、Jeep

1993、保时捷911等。

镁铝合金行业的低端市场竞争激烈，专业、中高端市场技术领先企业具备竞争优势。目前，我国规模以上的镁铝合金生产企业仅数十家，大部分企业规模较小，多数只能生产技术含量及单位价值较低的低端产品，产品价格较低，且毛利率水平较低。同时中高端市场方面，对产品性能和质量稳定性要求较高，中高端市场具有较高的行业门槛，少数具有技术优势的企业通过不断提高产品技术含量，如新能源汽车镁铝合金，具有较高附加值，产品价格毛利较高。目前我国铝消费结构中，建筑业是主要消费领域，而汽车与交通运输业正成为重要的增长点之一。铝合金是最先采用的轻量化材料，目前已成为汽车制造中用量仅次于钢材和铸铁的材料，在汽车轻量化中占有重要地位。

（二）国内铝镁产业部分成功案例

1. 宝武集团跨界铝镁产业

云海金属作为我国镁合金的龙头，原镁及镁合金、金属锶产能全球第一，行业处在黄金赛道。公司目前产能为原镁10万吨、镁合金18万吨，以及铝合金28.5万吨、压铸件1.8万吨、微通道扁管1万吨、中间合金1.5万吨、金属锶3000吨。公司拥有"白云石矿—原镁冶炼—镁合金铸造加工—回收再生"的完整产业链，并自主研发"竖罐蓄热技术""粗镁一步法"高效低耗生产原镁，单吨成本比行业低20%，且配套边角料回收实现镁合金原料100%自给，成本优势和环保成效显著，铸就了牢固的护城河。而云海金属之所以深度绑定宝钢金属则是看中宝钢金属及宝武集团强大的产业背景，可充分享用其在交通和其他领域广泛、紧密的客户资源，助力其自身在镁合金下游需求端的精准切入、快速发展。

　　成立于2011年的河南同人铝业有限责任公司是河南能源化工集团的下属企业。其建设年产60万吨铝合金铸造及深加工项目，2012年就被河南省政府确定为首批重点建设项目，也是三门峡市持续促进产业升级，加快转变发展方式的重大支撑项目。项目定位为"国内领先，国际一流"，力争建成全国最完整的"铝土矿—氧化铝—铝铸造—铝深加工"产业链，全面推进区域经济"煤电铝一体化"进程，发挥成本优势，以高端项目带动河南省乃至我国铝工业科技进步。如此高调的项目被各级政府和社会各界寄予厚望，然而该项目自2013年开工启动后，由于受到资金等方面的制约，进展缓慢，引进战略投资者便上升到重要议事日程。在多方协调和推动下，2019年2月，在经过近2年的谈判后，宝武集团与河南能源化工集团、三门峡市政府在河南郑州签署了同人铝业项目合资合作协议，宝武集团入主同人铝业项目持股比例达到51%，并将此项目委托旗下核心企业宝钢股份管理，开启了宝武铝业新征程。

　　宝武集团接手项目后便将投资定位于目前国内重点领域急需的铝板带高端制造，广泛用于汽车、航天航空、军工、轨道交通、包装等领域，在国内铝加工产业中处于领先地位，部分产品填补国内市场空白。项目总投资达128亿元，总占地1561亩，分两期建设。

　　宝武集团如此大手笔涉足铝镁行业，看似简单的企业投资行为，实则大有深意，其战略谋划令业内赞叹。宝武集团跨界铝镁主要为我国的轻量化而来，尤其是交通领域的轻量化。

　　我国交通领域的轻量化是实现节能减排的有效途径，轻量化已成发展趋势和着力方向，各种轻量化的结构件、零部件和材料使用正越来越广。而在轻量化材料选择中，铝镁大有可为。铝和镁都属轻金属，其合金由于具有低密度、高强度等方面的优异特性，是理想的轻量化金属结构材料，在交通领域的轻量化应用前景广阔，但受制于我国经济发展水平和技术水平等多方面的原因，交通领域的轻量化虽然取得较大进展，但相对于国外无论是产品研发制造还是应用普及方面都存在着明显差距。

正是国家政策、行业发展趋势和现状使然，也使得宝武集团这样的钢铁大企业看到轻量化蕴藏巨大商机的同时，也更认识到自身肩上的责任。加之宝武集团本身在下游交通制造业的话语权，带货铝镁合金材料和零部件有着其他企业无法比拟的市场优势，其发展轻金属材料更有先天基础和独特条件。也正因此，宝武集团确立的"一基五元"发展战略，即以钢铁制造业为基础，新材料产业、智慧服务业、资源环境业、产业园区业、产业金融业协同发展中，新材料产业就定位聚焦先进制造业发展和大国重器之需，重点推进新能源、海洋工程、航空航天等领域所需的镁、铝等轻合金材料。这也就不难理解，宝武集团为何近几年要不断涉足铝镁行业了。如宝武集团所投的铝板项目就是为填补国内市场空白，为我国汽车行业提供优质的铝材实现减重节能而生。

2020年，在第75届联合国大会上，我国政府明确提出要采取更加有力的政策和措施，力争二氧化碳排放于2030年前达到峰值，努力争取2060年前实现碳中和的承诺。其中主要措施之一就是推进交通领域的节能降耗工作。交通领域的轻量化便是有力的"推手"和"抓手"。新的国家政策和减碳目标势必加快我国交通领域的轻量化进程。宝武集团现进入铝镁行业恰逢其时。当下我们也欣喜地看到铝镁行业正与交通领域的制造企业开始深度融合，上下游联动、产学研协同为轻量化助力。我们也坚信，随着宝武集团在铝镁行业的深入拓展，必将促使铝镁材料在交通领域得到更广泛的应用，为我国汽车、船舶、飞机等交通工具的轻量化提速，这也正是铝镁行业的期待。

2. 银宇控股

公司目前控股5家子公司，涉及铝合金线、铝箔、电缆、焊接材料、有色金属等领域的研发、制造与贸易，现有员工500余人，占地面积95亩，总资产3亿余元，制造业年产值3亿元，贸易业年销售3.5亿元。公司前身为成立于1996年的杭州银河线缆有限公司，主要从事编织用铝镁合金线和铝合金焊接材料的研发与生产，为国家重点高新技术企业，是国内铝镁合金线的龙头生产企业和国家标准制定单位，产品在国内外行业中具有较高的美誉度，获浙江名牌产品，"银宇"商标为中国驰名商标。公司拥有省级企业技术中心、铝镁合金市级研发中心和一个博士后工作站，建立了一支高素质的技术研发团队，研发能力极强，分别承担了国家火炬计划项目3项，国家创新基金项目2项，浙江省应对技术壁垒项目2项和省级重大科技项目多项。

3. 铝镁合金上市公司

祥鑫科技：通过多年积累，祥鑫科技形成一整套适应公司自身发展的研发体系，积累了丰富的模具设计和应用解决方案方面的经验，具备了研发、制造超高强度钢板、新能源汽车铝镁合金轻量化部件等大型汽车精密模具的能力。

鹏起：子公司洛阳鹏起主营钛及钛合金精密铸造件、铝合金及铝镁合金铸件、激光焊接成型件，其产品主要应用于航空、航天、舰船等军事领域。子公司宝通天宇（51%）主营产品包括射频微波产品、软件无线电及数字通信产品和电源产品三大类，主要用于各类军用电子整机、民用船舶导航、船舶自动识别等；洛阳鹏起、宝通天宇均已获得"军工四证"。

宇环数控：2016年，公司研发出新产品YH2M81693D磁流抛光机，该产品既满足了铝镁合金手机金属外壳镜面抛光需求，又提高了手机表面处理的效率，由于公司产能受限，公司及时调整产能用于满足无锡绿点快速、大批量的交货要求，导致该产品的销售占比较高。

公牛集团：2007年，公司全面进入墙壁开关插座领域，将"装饰化"作为重要的战略定位，创造性地将各种新材料、新工艺和新技术应用于开关插座领域，生产出众多适合不同家装风格的个性化产品，如高晶玻璃开关、3D钻面开关、铝镁合金开关、幻影纹理开关、联框开关、电子触摸开关等一系列装饰性开关，深受消费者喜爱，彻底改变了白色开关一统天下的局面，引领开关行业进入"个性化"时代。

深圳新星：在科研方面，公司与高校和科研机构建立了紧密的产学研合作关系，共同进行新型铝镁钛特种轻质合金材料技术研究，目前所研究和生产的铝镁钛轻质合金材料技术水平已处于国际领先，截至目前已获得236件国内外授权发明专利，主导制定了3项行业标准，参与制定了1项国家标准；承担了近20项国家、省、市重大科研课题；建立了国家地方联合工程实验室、广东省院士工作站、广东省铝镁钛工程技术中心、广东省企业重点实验室、深圳市铝镁合金工程技术中心、深圳铝镁钛轻合金材料工程实验室等科研平台；获得中国有色金属工业科学技术一等奖3项、广东省科学技术二等奖1项、深圳市科技进步奖2项、深圳市技术发明一等奖1项、中国产学研合作创新成果奖1项、全国有色轻标委技术标准二等奖1项。

通过对国内铝镁产业上市公司的分析，可以看出，打造产业链，进行自主研发，开发新产品，同样是铝镁企业的发展方向。

### （三）山西铝镁产业发展现状

山西省铝土矿资源十分丰富，截至2015年底，累计查明铝土矿资源储量16.2亿吨，保有资源储量约15.27亿吨，约占全国铝土矿资源储量的32.5%，居全国首位。我省是全国铝土矿、煤炭、电力资源和区位等优势组合匹配最优的省份，发展铝工业有着得天独厚的条件，是业界公认的发展铝工业最佳地区。截至2017年底，全省氧化铝产能2000多万吨，约占全国总产能的1/4，排名全国第2位，当年全省氧化铝产量1928万吨，占全国的27.8%，形成南部、西部和中部三大铝工业产业集群，形成以中铝、国电投、阳煤、信发、锦江、东方希望等大型企业集团为骨干，技术水平较先进的产业体系。可以说，经过多年发展，我省铝工业已经初具规模。然而，山西在全国铝工业产业格局中，却处于铝土矿大省、氧化铝强省、电解铝小省、铝加工弱省的地位，结构性矛盾突出。山西省级智库专家张艳鹏分析说，我省铝工业发展与资源禀赋不相称，产业链条不完整，没有形成集约发展模式。目前，全省电解铝产能121万吨，仅占全国总产能的2.7%，排名全国第9位；铝材加工量仅占全国的1%，排名全国第20位；氧化铝就地转化率仅为9.5%。迫切需要通过完善产业链条，发展精深加工，提高产业竞争力。

长期以来，山西省没有形成与氧化铝相匹配的电解铝产能，导致后端铝加工产业发展严重不足。而目前我国电解铝尚有数百万吨产能需进行技术升级和优化布局。据了解，我省90%以上的氧化铝流出省外，运往铝资源缺乏的地区生产电解铝。如将外运氧化铝在我省就地转化为电解铝及铝材深加工产品，不仅对山西而且对全国铝工业优化布局和提高国民经济综合效益具有重大意义。同时，大力发展铝工业不仅符合国家在具有资源、能源、产业等优势地区优先构建铝工业全产业链发展的政策导向，还可以消纳煤炭、电力过剩产能，同时也能促进下游轨道交通、新能源汽车、航空航天、电子等行业发展，对改变山西"一煤独大"的经济结构，实现经济转型升级起到积极的推动作用。2018年3月底，山西省经信委印发《山西省有色金属工业2018年行动计划》，推动电解铝产能置换，鼓励中铝、国电投等向山西转移产能。将制定出台山西省电解铝行业产能置换实施细则，鼓励中铝集团、国电投等已在山西省布局氧化铝项目或取得铝土矿资源的企业，积极将集团内部电解铝产能向山西省转移，省内铝土矿资源优先保障向本省转移电解铝产能的企业。

表2-4　镁冶炼行业销售收入前十位企业排名

| 排名 | 企业名称 |
|------|----------|
| 1 | 太原市同翔金属镁有限公司 |
| 2 | 山西闻喜银光镁业(集团)有限责任公司 |
| 3 | 宁夏惠冶镁业有限公司 |
| 4 | 威尔斯(鹤壁)金属工业有限公司 |
| 5 | 绛县三和金属镁业有限公司 |
| 6 | 西安海镁特镁业有限公司 |
| 7 | 鹤壁市维多利镁业有限公司 |
| 8 | 鹤壁格兰达镁业有限公司 |
| 9 | 榆林市天龙镁业有限责任公司 |
| 10 | 稷山县华宇实业有限公司 |

资料来源：中国镁冶炼行业百强企业竞争力分析报告

表2-5　镁冶炼行业利润前十位企业排名

| 排名 | 企业名称 |
| --- | --- |
| 1 | 山西闻喜银光镁业(集团)有限责任公司 |
| 2 | 绛县三和金属镁业有限公司 |
| 3 | 府谷县西源化工有限责任公司 |
| 4 | 闻喜县八达镁业有限公司 |
| 5 | 闻喜县振鑫镁业有限责任公司裴社镁厂 |
| 6 | 孝义市金信易威镁业有限公司 |
| 7 | 稷山县华宇实业有限公司 |
| 8 | 山西孝义市东义煤电铝(集团)有限公司 |
| 9 | 陕西渭南新秦金属镁有限公司 |
| 10 | 维恩克(鹤壁)镁基材料有限公司 |

资料来源：中国镁冶炼行业百强企业竞争力分析报告

目前，世界上镁的消费主要集中在三大领域，用于铝合金生产、镁压铸生产及炼钢脱硫，三者占总消费量的91%左右，其中，镁合金压铸件的发展速度最快。镁压铸件的消费市场中，北美、拉美及西欧用量最多，在过去的10年里，镁合金压铸件在汽车上的使用量上升了15%左右，这种趋势今后几年还会进一步增长。日本近几年也开始重视镁合金压铸件的应用开发，其主要消费领域是3C信息家电产业。亚洲的镁合金产品占全球的14.8%，其中的90%是由日本和中国台湾的厂商提供的。以笔记本电脑用镁合金零配件为例，2002年日本和中国台湾的厂商占有全球85%的市场。由于镁合金结构件的广泛应用，全世界对镁及镁合金加工材料的需求与日俱增，市场不断扩大。因此，近年来镁及镁合金加工产业也获得了飞速发展，但新产品比重仍然较低。

由表2-4、2-5可知，运城是山西镁冶炼的主要区域。山西省镁冶炼行业市场占比较高，长期以来以低附加值的原材料生产、销售为主。《山西省打造优势产业集群2018年行动计划》中提到，以"煤—电—铝（镁）—材""煤—焦—化（钢）"等一体化发展为方向，打造传统优势产业集群。重点推进运城、吕梁两个百万吨铝镁合金基地建设。

随着我国高铁、航空、新能源汽车等轻量化技术和新型轻质材料的市场逐步普及，铝镁工业品的需求量快速增加，山西省轻量化铝镁产业发展和转型升级迎来了前所未有的最佳机遇。山西省要综合利用"煤电铝镁"资源优势，在材料深加工上下功夫，变原材料销售为高附加值产品销售，变"按吨卖"为"按件卖"，打造铝镁产业领域的"山西智造"。

### 四、山西省钢铁产业转型

#### （一）我国钢铁产业现状

我国钢铁工业是在经历了漫长曲折的历程后发展起来的，自1949年以来，国内钢铁工业由产量几乎为0，排名靠后的情况下，发展到2018年产量为110551.65万吨，排名世界第一。

产能过剩是在世界经济发展过程中产生的普遍性、周期性、结构性问题，并非钢铁行业特有的经济现象。经济发达的钢铁生产大国先后多次出现钢铁产能严重过剩的问题。尤其是20世纪七八十年代，各主要发达国家先后完成工业化，进入经济转型阶段。受两次石油危机影响，钢铁需求迅速萎缩。美国、日本、德国等国在钢铁消费达到峰值后的10年内，粗钢消费最高降幅分别达到43.7%、24.7%、30.9%，钢铁需求呈现出总体下降的态势，并演变为世界钢铁产能过剩问题。这一问题至今没有得到解决。钢铁产业被西方称为"夕阳产业"就源于此。

中国钢铁已经并继续实施产能更新计划，使用了世界先进的工艺、装备、流程和技术，尤其是以绿色低碳和智能制造为引领，为钢铁技术创新、先进节能减排技术、智能制造技术提供了广阔的市场空间。综合来看，"十四五"钢铁工业体系完整性和先进性进一步强化，产业基础高级化是提升中国钢铁工业全球竞争力，全面建成钢铁强国的必要条件。"十四五"期间，钢铁产品质量性能和稳定性需进一步提升，钢材实物质量达到国际先进水平的比例要超过60%。钢铁行业需通过先进钢铁材料标准体系，推进质量分级分类评价，深入推进服务型制造，瞄准下游"特、精、高"关键品种，持续提升有效供给能力和水平等举措实现产品质量和效益提升。劳动生产率是钢铁企业获取效益的基石。"十四五"期间，钢铁产量需达到供需动态平衡，行业平均劳动生产率达到1200吨钢/（人·年），新建普钢企业达到2000吨钢/（人·年）。钢铁企业应通过技术创新、产业升级、智能制造等手段持续提高产品的质量和生产效率。

在全面建成钢铁强国的道路上，离不开世界级钢铁强企的支撑。亿吨宝武和中信特钢只是开始，还有更多具有全球竞争力的中国钢铁企业正在奋进的路上，他们是全面建成钢铁强国的中坚力量。资源保障是中国钢铁行业的痛点之一，制约钢铁企业盈利能力，降低国际竞争力，极端情况下直接影响钢铁产业安全，也是制约全面建成钢铁强国的瓶颈。当前，钢铁行业正在推动产业链、供应链多元化，力争到2025年，铁、锰、铬等矿石资源保障能力显著增强，其中铁金属国内自给率达到45%以上。

钢铁业整合的"微笑曲线"由"两端一底"3部分组成。两端是推动整合的两大群体。一端是宝武集团,其本身于2016年由宝钢集团和武钢集团合并成立而来。不同于武钢之前,宝钢整合的八钢和韶钢规模体量相对较小,即便其业绩不好,对整个宝钢的影响也不大。从资产规模来看,武钢体量是宝钢的40%左右,这样的规模体量客观上要求宝钢升级自身的整合基因,把武钢整合好。2019年合并马钢集团;2020年合并太钢集团,并托管中钢集团,重庆钢铁也正式进入宝武,年钢产量突破1亿吨,2021年又宣布合并昆钢控股。虽然历史上原宝钢集团也曾于2010年整合过民营的德盛镍业,但本轮从被整合对象来看,宝武整合的基本是国企,而且这些国企当下的经营状况整体不错。另一端是以建龙、德龙、敬业、方大、沙钢等为代表的民营钢企。这类民企整合对象多是民企或已明显陷入困境的国企。如建龙集团,2020年其旗下共有14家钢厂,合计钢产量达3647万吨,2021年又托管了邢台钢铁。旗下的山西建龙、北满建龙等多家钢厂均是并购而来。建龙钢铁已是国内最像纽柯的钢铁集团。

作为国民经济的基础性产业,钢铁行业央企通过与地方国企进行战略重组有重大战略意义,一是可以扩大企业生产规模,优化钢铁产品结构,获得新的营收和利润增长点。二是地方国企在资金、技术、管理等方面获得支持,有助于地方国企进一步发展。三是有助于钢铁行业产业集中度的提升,目前,国内属于中央国资委的钢铁企业有中国宝武集团和鞍钢,两大央企均处于行业前十位,随着两大央企对地方国企的深入重组,将带动钢铁行业集中度有效提升。四是,通过央地联合更好带动钢铁产业升级和钢企制度创新,培育更加健康有序的市场体系，更好发挥国有钢铁企业优势，为中国钢铁业碳达峰、碳减排提供有力的支撑。综上，提高行业集中度和技术整合，增强行业竞争力和可持续发展能力是我国钢铁产业未来发展的主要方向。①

### （二）山西钢铁产业发展现状

钢铁行业的上游主要是原材料，其最主要的原材料是：焦煤焦炭、铁矿石。

山西是能源大省，焦炭、电力资源丰富且价格低位运行，为本地钢铁产业提供了强大的资源保障能力。2019年3月，山西焦炭产量达752.1万吨，维持较高水平；同时，山西焦炭价格长期低位运行，是全国焦炭价格洼地。作为钢铁冶炼最主要的一项原料，产量丰富且价格低位的焦炭为本地钢铁产业提供了较大的成本优势。

山西是钢铁大省，2020年钢产量达到6600多万吨。山西省先进钢铁材料主要包括不锈钢、火车轮轴钢、冷轧硅钢、合金磨具钢等，仅太钢集团就有21种特殊钢产品，市场占有率居国内第一，手撕钢和笔尖钢更是享誉全球，太钢也因此成为国内特殊钢行业的领军企业。

《山西省新材料产业高质量发展三年行动计划（2019—2021）》中提出：到2021年末，全省将重点布局用于新能源和高效节能、环保、国家重大工程等特殊领域的高性能、高功能型不锈钢，以及薄规格无取向硅钢、高钢级管线钢、高铁轮轴钢等材料，实现关键材料替代进口。

依托现有产业基础，以区域性龙头企业为引领，以整合钢铁产能、资源能源、物流运输、上下游产业链等区域资源为主

①《钢铁行业发展》，载中国钢铁新闻网，http://www.csteelnews.com/.

要任务，山西省重点打造了太原不锈钢、运城汽车用钢、晋城装备用钢、临汾型钢、吕梁矿用钢5个差异化发展的特殊钢产业集群。2020年，山西省重点推进33个钢铁产业升级改造项目，预计总投资323亿元。通过产业升级和整合重组，山西省有望在"十四五"期间形成4~5家千万吨级特殊钢生产企业。围绕多元化、差异化的发展思路，五大特种钢产业集群必将成为山西新材料产业发展的重要支撑。

（三）国内钢铁产业转型成功案例

新时代呼唤新钢铁。钢铁工业处在大有作为的历史机遇期，结构调整、转型升级的紧迫性增强，但同时也面临着相互交叉、相互影响、错综复杂的困难和问题。按照党的十九大提出的2035年基本实现社会主义现代化的目标要求，钢铁工业必须加快推进供给侧结构性改革，以"三去一降一补"为突破口，以加速推进结构调整为抓手，实现钢铁产业转型发展；以实现绿色发展为重点，以加快技术创新为主线，实现钢铁产业优化升级；以国际化建设为支撑，达到综合竞争力最强，实现钢铁产业可持续运营，率先建成既大又强的钢铁产业，为实现"两个一百年"奋斗目标和中华民族伟大复兴的中国梦奠定坚实基础。中国钢铁工业转型升级战略必须以党的十九大精神为根本遵循；转型升级路径选择必须遵循新时代的新目标、新要求；转型升级战略要符合国家发展战略和行业自身发展要求。基于此，该报告提出了中国钢铁工业转型升级战略定位——要继续成为新时代发展不可替代的基础原材料产业，要继续保持国民经济重要的支撑产业地位，要与社会、城市、生态环境共融共存，并有基础、有条件、有能力通过转型升级，提前5~10年率先实现既大又强的钢铁现代化。

为把握新的发展机遇，民营钢铁企业也在加速布局智能制造。天津荣程、邢台德龙、四川德胜、河北鑫达、山东石横特钢、东海特钢等钢铁企业竞相推进智能制造，积极探索企业智能升级的解决方案。以德龙钢铁为例，该公司致力于打造"绿色+智能"的钢铁行业智能制造新模式。环保方面，2018年该公司投入7.35亿元，重点实施17项国际领先的深度治理工程，其中超低排放改造已经完成验收。该公司不仅获得工信部首批绿色工厂的称号，甚至还成了国家3A级旅游景区。

在智能化方面，德龙钢铁加快发展先进制造，推动互联网、大数据、人工智能和实体经济的深度融合。"当前，德龙钢铁的智能制造基础体系已经搭建完成。"德龙钢铁有限公司董事长丁立国表示，通过与冶金规划院合作，德龙钢铁成功探索出低成本、高效率的生产数据集成模式，打造出产销一体、管控衔接、财务业务一体化的钢铁行业数字化样板工程，并向多家钢铁企业输出管理理念和信息技术。事实上，面对激烈的市场竞争，国内钢企迫切需要推进智能化以实现降本增效。比如，原料成本占钢铁企业成本的60%~70%，基于人工经验的配料无法取得最经济的配比，但系统利用运筹学算法，在同等条件下5秒即可得出稳定生产的最优方案。以德龙钢铁APS系统的原材料配比与成本测算为例，该系统提供的方案指导采购决策和生产配料，年可降低综合成本达亿元以上。

（四）山西省钢铁产业发展路径

近几年，围绕"新特专、高精尖"目标，山西加快发展多元化特殊钢新材料产业，并提出从"特钢"向"特特钢"迈进的战略目标，为国家重大工程、重大装备提供关键基础材料支撑。2020年8月21日，山西省政府与中国宝武签署战略合作协议。当年12月23日，随着工商变更登记完成，太钢集团正式成为中国宝武大家庭的重要一员。推进中国宝武与太钢集团联合重组，是山西省委、省政府深入贯彻习近平总书记视察山西重要讲话重要指示，推动国有资本布局优化的重大战略举措，对于巩固太钢全球不锈钢领军企业地位、培育具有国际竞争力的世界一流企业集团具有重要意义。太钢可以充分利用中国宝武这个平台，实现绿色低碳制造技术、智能化生产制造以及研发平台等众多资源的共享。围绕新特专、高精尖目标，山西省正在加快发展多元化特殊钢新材料的生产以及精深加工，走一条从普钢到特钢再到特特钢，向高端跃迁的转型之路。

鼓励企业按照市场原则延长产业链，服务下游产业发展，形成相关产业链集群。上下游联动可以增强产业的集中度和装备水平，形成创新引领、规模集约、结构合理、发展协同的产业格局。运城市以大运汽车配套本地化为牵引，紧随汽车产业绿色发展，大运汽车周边零部件材料企业为汽车轻量化技术革新提供源源不断的动力。建龙集团300万吨热轧卷板生产线为大运汽车提供车用大梁钢等汽车用钢；闻喜加工制造产业园区提供精品冷轧板材、汽车及摩托车零部件；新绛高义钢铁等企业加快"普转特、特转精"发展步伐，重点发展轴承钢、齿轮钢、弹簧钢、易切削钢等特钢品种。从"单兵作战"到"抱团突围"，龙头带动多极发展，一个汽车轻量化材料产业集群正在形成。运城围绕特殊钢细分领域的头部资源来布局产业链，并不断地延链、补链、强链，进而形成区域内主导产业的生态化耦合。

《中国两化融合发展数据地图（2018）》显示，2018年，我国工业企业两化融合水平达到52.8，钢铁行业两化融合指数达到 51.2，关键工序数控化率达到 68.7%，应用电子商务的企业比例超过 50%。尽管面临着产能过剩、结构失衡、能源环境等巨大压力，但总体上看，大型钢铁企业在实现物流、信息流、资金流同步方面取得了显著进步。积极探索大数据在研发、生产能源管控、质量控制等方面的应用，有效支撑了行业整体制造水平和能力的提升，集约高效、实时优化的智能生产新体系正逐步构建。

鉴于此，山西省钢铁企业必须以数字化转型为发展方向，推进生产过程数字化监控及管理，打造信息共享平台，加速业务流程各个环节的互联互通，以智能化技术创新为驱动，实现供应链协同化发展，从根本上改革以适应钢铁行业的变革趋势，符合工业发展潮流。

山西省工业和信息化厅、山西省生态环境厅向山西省 11 个市工业和信息化局、生态环境局印发《山西省钢铁行业超低排放 2020 年决战计划》，要求山西全省各有关部门要精准对标钢铁行业超低排放目标任务，以京津冀及周边地区 4 市、汾渭平原 4 市和太原及周边 "1+30" 重点区域为主战场，深入推进产业结构调整，全面实现钢铁行业超低排放。

《决战计划》强调完成钢铁行业全面超低排放任务，首先要优化调整产业结构和布局。要持续推进城市建成区及周边重污染企业搬迁退出，2020 年 10 月底前，11 个设区市规划区退出未达生态环境部工业企业分类管控 A 级和 B 级标准的钢铁企业，"1+30" 区域范围内退出未完成超低排放改造（含运输环节）的钢铁企业。二要加快推进钢铁行业限制类工艺装备升级改造，对照超低排放标准和清洁生产要求，同时配套建设污染防治设施，项目建成后应稳定达到超低排放要求。拟于 2020 年底前完成产能置换项目。三要规范开展超低排放评估监测，经评估监测达到超低排放要求的，企业要及时变更排污许可证。各市生态环境局应加强对企业的服务，为超低排放评估监测工作提供指导。

山西省各市要加快推进钢铁行业超低排放改造实施，将任务细化、量化，制订实施计划，倒排工作进度，加快组织实施，确保任务"清零"。要建立帮扶机制，主动深入企业开展调查研究，制订"一企一策"实施计划，帮助企业解决具体困难和实际问题，优化项目服务，优先支持提前关停退出的产业转型升级项目。严格执法监管，对严重违法排污、不落实超低排放改造的企业，依法采取停产整治或关闭退出。

行业碳达峰目标初步定为：2025年前，钢铁行业实现碳排放达峰；到2030年，钢铁行业碳排放量较峰值降低30%，预计将实现碳减排量4.2亿吨。实现目标有五大路径，分别是推动绿色布局、节能及提升能效、优化用能及流程结构、构建循环经济产业链和应用突破性低碳技术。

钢铁行业转型的关键是调整思路，转变观念。既要升级现有行业生产，又要拓宽发展思路。钢铁是依靠铁元素和碳元素生产的基础性原材料。钢铁的快速发展，一方面为支撑中国成为世界第二大经济体和为国防强军建设做出了不可替代的贡献；另一方面又是制造业中碳排放量最多的行业，约占全国碳排放总量的15%左右。

山西省将加快不锈钢、高铁轮轴、高品质合金钢等高端材料的技术研发，推进省内用的碳素结构钢、优质钢、合金钢等材料的技术应用，提升钢铁企业关键领域、关键环节的创新能力。推动组建钢铁行业高质量发展产业联盟，充分发挥产业联盟的协同作用，扶持和引导领军企业加强科技攻关，加大研发投入，加快项目建设，加速成果转化，培养创新人才队伍，全面提升钢铁行业自主创新和科技引领能力。

鼓励省内外龙头企业充分运用市场化、法治化办法，跨行业、跨地区、跨所有制整合钢铁、焦化存量产能，有序引导我省独立焦化企业参与兼并重组，鼓励企业立足于强链、补链、提链，积极参与矿山、球团、水泥、装备制造、建筑等产业链上下游行业企业的兼并重组。积极推动太钢集团按照合理布局、优势互补的原则，实施不锈钢上下游产业整合，打造全球一流不锈钢生产企业。加快推动晋南钢铁产能置换项目落地，实现立恒钢铁、星原钢铁的产能整合。

以打造山西省特种金属材料产业集群创新生态和千亿产业培育为着力点和主攻方向，结合兼并重组、升级改造和产业链延伸，以区域性龙头企业为引领，以整合钢铁产能、资源能源、物流运输、上下游产业链等区域资源为主要任务，打造现代化产业创新生态下的山西省特殊钢产业集群。支持和鼓励在繁峙、代县打造千万吨级钢铁原料智能化产业集群。支持和鼓励太钢集团、山西建龙、高义钢铁、晋钢集团、晋南钢铁、山西建邦、中阳钢铁等龙头企业，利用自身产业规模和发展优势，立足省内外市场需求积极培育构建产业链条，延伸精深加工，重点打造太原不锈钢、运城汽车用钢、晋城装备用钢、临汾型钢、吕梁矿用钢5个差异化发展的特殊钢产业集群。

## 第三节　山西省地级市产业定位

在区域经济发展中，产业发展是重要推动力量。区域发展政策对当地产业转型升级作用明显。因此，探索资源型产业转型之路需要充分了解当地经济发展和产业调整布局的计划，使区域发展和产业升级互相补充，互为推动力。

### 一、山西省地级市经济发展情况

**表2-6　山西省地级市GDP比较**　　单位：亿元

|     | 2020年 | 2019年 | 2018年 | 2017年 | 2016年 | 2015年 |
| --- | --- | --- | --- | --- | --- | --- |
| 太原 | 4153.2 | 4028.51 | 3884.48 | 3382.18 | 2955.6 | 2075.34 |
| 长治 | 1711.6 | 1652.1 | 1645.6 | 1477.53 | 1296.2 | 1137.1 |
| 运城 | 1643 | 1562.9 | 1509.6 | 1336.29 | 1222.3 | 1173.54 |
| 吕梁 | 1538 | 1512.1 | 1420.3 | 1310.32 | 995.3 | 955.8 |
| 临汾 | 1505.2 | 1452.6 | 1440 | 1320.33 | 1205.2 | 1161.1 |
| 晋中 | 1468 | 1460 | 1447.6 | 1284.92 | 1091.1 | 1046.12 |
| 晋城 | 1425 | 1362.4 | 1351.9 | 1151.54 | 1049.3 | 1040.2 |
| 大同 | 1369 | 1318.8 | 1271.8 | 1121.31 | 1025.34 | 1060 |
| 朔州 | 1100 | 1061.7 | 1065.6 | 980.22 | 916 | 910 |
| 忻州 | 1034 | 1001.6 | 989.1 | 874.49 | 716.1 | 680 |
| 阳泉 | 742 | 718.9 | 733.1 | 672.02 | 622.9 | 598.85 |

资料来源：《山西统计年鉴》

整体来看，山西省地级市GDP绝对值较低，稳中有增。2015年全省人均GDP3.51万元，低于全国水平28.66个百分点，2020年度累计实现GDP约17652亿元，按2019年末常住总人口

第二章　资源型产业转型与可持续发展路径

3729万人计算，人均GDP约人民币4.73万元，低于全国2020年度人均GDP（GDP总量约101.6万亿，人均GDP约7.23万元）约34.53%。

2021年山西省GDP为22590亿元，相对比其他中部省份，总额偏低，排名有所上升。河南GDP总量逼近6万亿元，湖北突破5万亿元，安徽迈上4万亿元新台阶。通过GDP增速来看经济发展势头，6个中部省份省会城市，武汉、合肥、太原、南昌4市增速高于全国8.1%的增速。其中武汉位列第一，为12.2%。合肥、太原并列第二，均为9.2%；南昌为8.7%。[1]

通过对山西11个地级市的经济发展现状来看整体发展趋势，太原市在全国的省会城市中"存在感"不强，近年来努力提升经济发展，2021年太原市GDP实现5121.61亿元，增长9.2%，算得上一个"小突破"。围绕创新驱动、转型升级、生态治理、改革开放和民生保障等，太原市牢牢把控省会中心城市定位，以太原为核心的山西中部城市群建设进入国家"十四五"规划，上升为国家战略。针对地理位置的短板，2022年太忻经济一体化开始大力发展。通过区域联动发展，发挥省会城市的辐射和带动作用。太原市政府在科技、人才、生态等关键要素方面加大了对市场的引导力度，实施《太原市科技领军企业培育行动方案》，坚持科技引领经济发展。启动实施青年科技人才培养计划，选拔和培养100名左右青年科技人才。以减污降碳协同增效为总抓手，一体推进治山治水治气治城，持续改善生态环境质量。在产业发展方面，改造传统支柱产业，大力发展生产性和生活性服务业，推动文化旅游产业。汾河景区扩

---

[1]《中部6座省会城市去年GDP公布：武汉继续领跑》,《澎湃新闻》,2022年1月28日。

建、改造后的钟楼街等，都体现出太原市未来的发展战略。

长治一直都有"长治久安"之意，风景秀美，煤矿资源丰富，有"煤铁之乡"的称号。长治2011年被评为全国文明城市，获得过国家卫生城市（地级），也是山西最早获得国家园林城市称号的地级市。①长治有工业发展基础，海棠牌洗衣机、环球牌自行车、太行牌缝纫机、海鸥牌钢条、玫玉牌香皂等"长治制造"，曾经代表山西畅销大半个中国。虽然现在大都已经消失，但一些新的"长治制造"又如雨后春笋不断涌现。有为长征火箭制造发射平台的长治清华机械厂，有全国五强型材企业之一的中德型材，有全国百强药企之一的振东制药，还有"中国健身器材行业领跑者"的全国知名健身器材制造商澳瑞特，等等。利用自身良好的工业和生态建设基础，发展生态工业，打造循环经济，可以成为长治市未来产业发展重点。

运城位于山西省南部，地处山西与陕西、河南交界处，并不以煤炭为支柱产业。源于资源禀赋，运城的农业产值比重一直相对较高，形成果、畜、菜、粮、棉五大主导产业。2019年运城市委、市政府全面启动《大运城总体规划2035版》，将大运城核心区定位为："一带一路"重要源点、黄河金三角区域中心、先进制造业产业高地、生态宜居和华夏文化旅游城市。

吕梁地处山西省中部，靠近省会太原，也是传统的历史文化名城。煤炭是吕梁的传统主导产业。近年来，吕梁的交通发展迅猛，建成许多高速路，比如投资120亿的祁离高速、投资110亿的静兴高速等，2020年开工的柳林、方山、中阳快速路有利于破解吕梁市"一市一区"问题，可以扩大城市规模，展

① 三晋县域，知乎，https://www.zhihu.com/question/23151252/answer/511386137。

开未来发展的城市框架，有利于构建中心城区的交通圈。太原往南至晋中和吕梁城市圈发展也为吕梁的发展带来契机。2014年6月，吕梁市与国防科技大学合作建设的"天河二号"超级计算机吕梁机组正式投入运行。这个项目的成功，也让吕梁发现了一条适合自己的转型发展路子——大数据产业。2020年7月31日，山西省超级计算中心在吕梁市正式挂牌①。煤炭作为吕梁的支柱产业，与大数据产业进行深度融合。启动建设全市工业互联网服务平台，煤炭企业不断开展数字化、网络化、智能化改造。

临汾位于山西西南部，煤炭是其支柱产业，近两年GDP排名在省内有下降趋势。近年来，临汾市不断优化投资结构，培育壮大新动能，工业转型升级步伐加快。2012年5月，国家发展改革委批复设立晋陕豫黄河金三角承接产业转移示范区，这是全国唯一一个跨省域承接产业转移示范区，范围包括山西省运城市、临汾市，陕西省渭南市，河南省三门峡市，面积5.8万平方千米，总人口1500多万。对煤炭、钢铁、机电等传统产业进行升级改造，依托龙头企业的技术资金优势，提升装备水平，延伸产品加工链，大力发展以精细化工为主的现代煤化工产业。

晋中有着传统晋商文化的积淀，也是山西省大学城所在地，文化氛围浓厚。近年来GDP增速放缓，这与经济结构调整有很大的关系。晋中毗邻省会，优势要素集聚，以世界文化遗产平遥古城为代表的晋商旅游产业一直以来都是晋中市的优势产业，在山西省内首屈一指。晋中国家农业高新技术产业示范

---

① 《从"挖煤"到"挖数据"——大数据产业成山西吕梁特型发展新动能》，环球网，2020年8月22日。

区位于山西省晋中市太谷区，是中国首批国家农业高新技术产业示范区。

晋城位于山西省东南部，晋豫两省接壤处。晋城市能源资源以无烟煤为主，储量约占全国无烟煤储量1/4以上。2021年全年GDP增长11.6%，排名全省第一。晋城在以前是典型的"一煤独大"产业结构，加之煤炭质量好，很长一段时间并没有大力发展其他产业。转型之后，煤层气产业、光机电产业、现代物流业等成为新兴主导产业。实施"数字晋城"战略，落成全国煤炭行业首个科研创新人工智能计算中心。

大同是山西省第二大城市，位于山西北部，是国务院批复确定的中国晋冀蒙交界地区中心城市之一、重要的综合能源基地。大同的城镇化率达到65%，高于省会太原以外的山西所有地级市。大同是首批国家级历史文化名城，由于经济结构单一、转型较慢导致在省内GDP排名落后。大同的交通建设还有待完善，煤炭开发难度也变大，后续产业规划出现了断层，导致很多产业还在起步和发展阶段，还没有体现出真正的实力。

朔州GDP总量低，人均GDP仅次于太原，这是由于朔州人口较少。朔州资源储备较好，但是以往的发展规划单一，交通建设相对滞后。朔州市因煤而立、因煤而兴，是一个典型的煤炭资源型城市。

忻州位于山西省中北部，同样由于缺乏完善的产业体系，经济发展相对落后。2021年忻州市生产总值完成1344.4亿元，按可比价格计算，比上年增长10.6%。2021年12月29日，山西省太忻经济一体化发展促进中心及分支机构正式揭牌，掀开了太忻一体化经济区强势起步的序幕。以此为契机，忻州的全面产业布局进入快速发展阶段。

阳泉位于山西省中东部，北与忻州市毗邻，东隔太行山与石家庄市相望，西接太原市，南邻晋中市，是一座新兴工业城市。阳泉的资源比较丰富，素有"煤铁之乡"的称号。产业结构单一，人口流失较大，旅游资源没有得到有效开发，这些都是导致阳泉多年来GDP较低的原因。

通过对地级市具体情况的分析，可以得出几个共同点。首先，产业结构单一导致经济转型调整速度较慢，缺乏工业体系基础，即使已经意识到问题并有了战略部署，实施起来需要很长一段适应期。其次，人口流失严重，GDP总量低的几个地级市，比如，朔州和阳泉，由于人口少人均GDP并不低，资源型城市吸引力低，无法留住人才。再次，受地理位置、资源禀赋和发展历史的影响，很多城市在资源能带来收益的黄金期并没有形成积累，导致发展基础较弱。

## 二、资源型产业可持续发展与区域经济转型联动

通过对发展理念、模式、要素驱动、配套设施等方面的分析，发现产业转型和区域经济转型可以实现有效协同。

### （一）绿色转型

山西省工信厅制订的《加大工业固废资源综合利用和污染防治，促进全省绿色转型高质量发展工作方案》明确提出，要重点围绕我省产出量大、堆存量多、环境影响重的煤矸石、粉煤灰、脱硫石膏、冶炼渣、金属尾矿、赤泥等大宗工业固废深入开展资源化利用、无害化处置。力争2022年煤矸石、粉煤灰、脱硫石膏、冶炼渣等4项工业固废综合利用量达到1.2亿吨以上。要加大技术创新和产品开发，力争金属尾矿、赤泥资源化利用取得新突破。对暂时不利用的大宗工业固废实现可再开

发利用、安全无害化处置。山西省十三届人大常委会第二十五次会议审议通过《山西省固体废物污染环境防治条例》，自2021年5月1日起施行。《条例》共七章三十四条，包括总则、工业固体废物、危险废物、其他固体废物、监督管理、法律责任和附则。其中，针对我省工业固废"量大率低"的问题，结合全省典型固废类别，《条例》细化对矿山、电力、冶金行业产生的尾矿、煤矸石、废石、粉煤灰渣、赤泥、脱硫石膏等固体废物污染的防治要求，提出促进工业固废综合利用的制度措施。

（二）科技引领

科学与技术是辩证统一体，技术提出课题，科学完成课题，科学是发现，是技术的理论指导；技术是发明，是科学的实际运用。近代以来，曾经发生过4次科学技术革命，都不同程度地引起生产方式、生活方式和思维方式的深刻变化和社会的巨大进步。科学技术是社会发展的重要动力。科技对于产业发展的引领关键体现在可以形成产业发展的核心竞争优势，并且这种竞争优势是可持续的。

科学的本质是创新，创新是科技发展的力量之源、发展之基。

山西省修订《山西省科学技术奖励办法》及实施细则，新增企业技术创新奖，奖励总额度由500万元增加至近6000万元。并制定出台《山西省支持科技创新若干政策》12个实施细则，投入1.2亿余元进行奖补。山西省制定《山西省科技成果转移转化示范基地和示范企业管理办法》，军民融合科技成果转化和知识产权交易平台正式上线，省科技成果转化和知识产权交易平台进一步完善，累计征集供给信息2万余项，需求信息1.38万项，极大方便了供需对接。2018年全省技术合同交易额达到260亿元。

2021年以来，山西省科技厅聚焦国家战略和山西转型发展，拓宽视野，提高站位，面向生产一线、科技前沿，在信创、大数据、半导体等14个重点产业和量子科技、空天科技等未来产业上初步凝炼出30余个一流课题。按照技术成熟度的标准，凝炼出碳化硅单晶衬底材料及生长工艺，人源胶原蛋白规模化制备等课题；围绕加快有影响力的小试和中试技术突破目标，凝炼出低真空管道磁悬浮高速飞车、华为智能矿山创新实验室建设、E级超融合异构自适应软件系统等课题；围绕加大前沿技术攻关，凝炼出大规模离子量子计算、高速连续变量量子密钥分发、高通量石墨烯散热膜批量制备等课题；围绕国家碳达峰碳中和战略部署，凝炼出异质结电池、城市能源互联网能量管理与运行控制、深层增强型地热系统地热规模开发等课题。这些重大科研项目将全面推行"揭榜挂帅"制，突破各项核心关键技术，科技项目专员全流程跟踪、全链条服务，为项目提供"从生到产"的一流服务、一流条件。

（三）能源革命

2019年，中央正式出台《关于在山西开展能源革命综合改革试点的意见》。这是继2017年国务院出台《关于支持山西省进一步深化改革促进资源型经济转型发展的意见》后，党中央对山西改革发展的又一次顶层设计和大力支持，为山西实现从"煤老大"到"排头兵"的历史性跨越，带动山西高质量转型发展提供了强力支持。试点改革要努力在提高能源供给体系质量效益、构建清洁低碳用能模式、推进能源科技创新、深化能源体制改革、扩大能源创新合作等方面取得突破。为此，山西提出"8个变革和1个合作"：一是变革煤炭开采利用方式，实现煤炭清洁高效开发利用，构筑战略性竞争新优势；二是变革非常规天然气勘采用，力争到2022年煤层气产量达到200亿立方米；三是变革新能源可持续发展模式，加快打造山西光伏风电基地建设，打造新能源产业链；四是变革电力建设运营体制；五是变革能源消费方式，建立节能优先制度体系，开展节能专项行动；六是变革能源科技相关体制，集中建设能源科技创新平台；七是变革能源商品流通机制，加强能源市场建设；八是变革与能源革命相关企业的发展方式。1个合作是深入拓展能源领域对外合作。

（四）金融支持

企业的资金来源包括投资者投入的注册资本，包括新发行的股票、债券；经营中赚取的利润；经营中占用的供货单位的资金和银行贷款等。在政策性引导下，打造以山西省政府为主导，各个地市级政府配合，各类金融企业作为主要参与者的融资公共服务平台，吸引企业参与。以政府资金为引导，充分调动资本市场的份额，积极拓宽多元化的投资融资渠道，采取各种政策吸引银行资金，激励民间资金、国外资金等多样化的资本参与企业发展。建立中小企业信用担保体系，根据需要为企业提供必要的贷款保证金，以提高创业企业的融资能力。从企业财务管理的角度考虑，要从内部管理、产品升级、适应市场变化、改进经营等方面，提高资金营运使用效率。生产是根本，调整产业结构是立足点，充分利用当今日益发展的资本市场，加快资金合理周转利用率，使得资产经营与资本经营互相支撑。首先，以市场为主导，行业内部进行兼并收购重组，提高产业集聚程度，提升行业资产规模效应和市场影响力，改变现有重复性建设局面，打造高质量产业园区，园区规划以全省为范畴，杜绝地方重复低效率规划和建设，充分发挥规模化生产的低成本效应，有效利用政府专项产业扶持资金。其次，大胆采用金融衍生工具，利用综合授信、短期融资券、企业债券、集合信托、资产证券化、金融租赁等多种方式筹融资。再次，有针对性地培养行业龙头企业整合企业资源，提升企业价值，开展上市工作，真正走入资本市场。

山西转型发展离不开金融的有力支撑。早在2010年，山西省银监局、证监局、保监局等单位就共同发布《金融机构支持山西资源型经济转型发展实施意见》，提出一揽子金融措施，为山西资源型经济转型发展提供有力支撑。《意见》以支持经济转型发展为主线，分别从货币政策工具应用、产品创新、信贷结构调整、银行、证券和保险业支持重点，包括提升信用环境、完善联席会议制度等方面，指出金融机构应积极推动山西资源型经济转型发展，并提供金融上的强力支撑。近年来，山西省发改委会同国家开发银行山西省分行、中国工商银行山西省分行、中国农业银行山西省分行、中国银行山西省分行、中国建设银行山西省分行、中国邮政储蓄银行山西省分行于2019年6月24日印发《关于申报新型基础设施专项贷款项目》的通知。晋商银行支持山西综改示范区1111户重点企业和项目的转型落地，加大对战略性新兴产业、农产品精深加工十大产业集群的信贷支持力度。

（五）城市群建设

"十四五"规划和2035年远景目标纲要提出，建立健全城市群一体化协调发展机制，以中心城市和城市群等经济发展优势区域为重点，带动全国经济效率整体提升。城市群是国内人口主要聚集地，是国内企业主要生产区位选择地，是构建国内大循环的重要战场。实际上，自2006年"十一五"规划提出把城市群作为推进城镇化的主体形态，到2020年双循环新发展格局重大战略决策提出，城市群一直在新型城市化建设、在构建大中小城市和小城镇协调发展的城镇格局中发挥着支撑平台的作用。城市群是人口聚集、产业集聚、科技创新和对外开放的主要功能平台，畅通循环的关键在于推动城市群一体化发展。城市群建设的核心作用在于能改变以往城市经济增长中"单打独斗"的局面，从而形成"集团作战"的增长模式。团结就是力量，这不但有利于城市群内核心城市增长极效应的发挥，还有利于提高城市群内出口产品对国际市场的竞争力。这种"集团作战"当然不是一群城市的大混战，而是通过城市群建设在城市群内部形成有机的统一体。第一，加快城市群建设有利于促进群内要素市场和商品市场一体化，提高要素和商品配置效率，从而提高要素收益和挖掘市场潜力。第二，加快城市群建设有利于深化大中小城市间产业链分工，加快国内国外产业链的融合与互动，提升城市群内主导产业在国际市场上的竞争力。第三，加快城市群建设有利于提高中小城市的集聚力，促进产业转移，疏解大城市规模，提高大中小城市的规模经济效应，提高企业生产激励。

在2020年初经济工作会议上，山西省委把山西中部盆地城市群一体化发展提到战略位置，编制了《山西中部盆地城市群一体化发展规划纲要（2019—2030年）》，山西省委常委会审议了规划纲要及相关重大问题，并成立领导小组。此次会议旨在对推进中部盆地城市群一体化发展进行动员部署。会议提出，山西中部盆地城市群一体化发展要着力建设先进完备的基础设施网络，着力构建高端集群的现代产业体系，着力创新活力充沛的统一市场机制，着力形成城乡融合的协调发展格局，着力打造宜居宜业的生态环境，着力提升均衡普惠的公共服务水平。科学谋划太原、忻州、吕梁、晋中4市的发展定位，更好地体现联动效应。

山西中部盆地城市群一体化发展是山西实现高质量发展的重要探索实践，是山西推进转型综改试验区建设中的一个亮点，也是山西城市发展的重大机遇，盆地不等于发展的洼地，盆地是山西城市发展的宝地福地，我们要把山西的盆地发展成为聚宝盆，发展成为人才聚集地、财富聚集地、优质企业聚集地、转型项目聚集地。我们应当学习借鉴四川盆地经济圈城市群的发展经验，学习借鉴国外城市群的发展经验，把山西的盆地城市群建设成为山西转型发展的高地、对外开放的高地、现代化建设的高地。

## 第四节　山西省战略性新兴产业发展对策研究

战略性新兴产业是指以重大技术突破和重大发展需求为基础，对经济社会全局和长远发展具有重大引领带动作用，成长潜力巨大的产业，是新兴科技和新兴产业的深度融合，既代表着科技创新的方向，也代表着产业发展的方向，具有科技含量高、市场潜力大、带动能力强、综合效益好等特征。在《国务院关于加快培育和发展战略性新兴产业的决定》中，把节能环保、信息、生物、高端装备制造、新能源、新材料、新能源汽车等作为现阶段重点发展的战略性新兴产业。

《国务院关于加快培育和发展战略性新兴产业的决定》是国务院于2010年10月10日下发的。该决定内容共分为8个方面，使节能环保、新一代信息技术、生物、高端装备制造、新能源、新材料、新能源汽车七大产业用20年达世界先进水平。

工信部《"工业四基"发展目录（2016—2020）》显示，我国在信息技术、数控机床和机器人、航空航天装备、节能与新能源汽车、新材料、生物医药与高性能医疗器械等十大领域存在682项产业基础"短板"，既包括287项核心基础零部件（元器件）短板，也包括268项关键基础材料短板，还包括81项先进基础工艺短板和46项行业技术基础短板。

按照产业所采用技术的先进程度，可分为新兴产业和传统产业，一般来说，传统产业多为夕阳产业，新兴产业多为朝阳产业。因为产业的发展周期存在着一定的限制。从诞生、发展、繁荣、衰落，按照传统的行业估算一个产业的发展周期值一般为120年。按照产业对资源和技术的依赖程度，产业的周期起伏不定，或长或短。一般来说，对资源的依赖程度越大，行业周期就会越短，例如钢铁、纺织行业；对技术的依赖程度越大，行业周期越长，例如生物技术、太空技术等。

2009年初，为减少危机对中国经济的冲击，我国政府制订了十大产业振兴计划，陆续颁布了物流业、钢铁产业、汽车产业、电子信息产业、纺织工业、有色金属产业、装备制造业、轻工业、石化产业和船舶产业等的调整与振兴规划，希望通过这些关键产业的优先发展，带动整体经济结构调节，从而优化我国产业结构，促进我国经济更为稳健的增长。所选择的这十大产业，实际上成为政府规划中对未来中国经济发展具有战略影响作用的产业部门。2009年2月25日，国务院常务会议发布《国务院关于发挥科技支撑作用促进经济平稳较快发展的意见》，明确提出通过科技创新，应对危机的冲击，并提出加快发展高新技术产业集群，发挥国家高新技术产业开发区作用，大力支持新能源、生物、新材料、信息等战略性高新技术产业，积极发展创意、动漫、游戏、应用软件等新兴产业，培育新的经济增长点。战略性产业、新兴产业等概念第一次正式见诸政府公文，从而拉开了战略性新兴产业扶持战略的序幕。战略性新兴产业是促就业、稳增长的"稳定器"，也是实现高质量发展的"助推器"。

我国已步入"工业化后期"阶段，经济发展速度由"超速"转为常规速度。改革开放初期的粗放型发展模式早已发生了转变，低级生产要素存量的减少也会促进高级生产要素的发展。政府在产业发展中的主导角色也发生了根本质变，由传统"家长式"全方位管控逐渐转变为"三放"模式，即"放权、放手、放心"。相对应，社会各方面力量的角色也要随之调整。政府、社会和企业相互磨合沟通，只有达成新的协调，才能和谐发展。

通过研究发达国家经济发展进程和最新的产业政策发现，各个阶段不同主题的产业升级是经济发展主要的动力，而共同点则是秉承资源禀赋和原有产业基础，注入新阶段科技研发力量，创新驱动，走可持续发展之路。

发展战略性新兴产业将有力地推进产业结构调整，加快转变经济发展方式。战略性新兴产业资源能耗低、发展潜力大、综合效益好、辐射能力强，是引导未来经济社会发展的重要力量，对我国提高自主发展能力和国际竞争力，实现经济社会又好又快发展具有重要意义。战略性新兴产业发展之初需要政府的引导和支持。谢国根等（2020）采用安徽省16地级市面板数据进行战略性新兴产业发展财政分权影响因素模型构建，得出结论，财政分权本身促进战略性新兴产业发展，但会通过抑制环境规制的提升，导致政府在战略性新兴产业发展过程中作用发挥不够，但就综合影响效果而言，财政分权仍能够促进战略性新兴产业发展。刘国巍（2021）通过构建博弈模型仿真研究发现，战略性新兴产业创新的金融支持是低效率配置，营造良好的非机会主义情境，有利于提升金融支持主体、创新主体支持和接受的积极性。进入21世纪，国内学者从产业链、自主创新能力、集群化效应、经济效率、政府补贴、产学研合作等方面对战略性新兴产业选择合理性和发展程度展开了研究，其中，政府的角色尤为重要。中央政府和地方政府的产业政策对于省级战略性新兴产业的选择和发展作用机制有所差别。王昶、周亚洲和耿红军（2021）以2005—2018年新材料政策在我国内地31个省市区的扩散过程为例，分析省级战略性新兴产业政策扩散机制，研究表明，本地能力影响省级战略性新兴产业政策扩散，其中资源禀赋、产业实力和知识技能对政策扩散有正向影响，制度环境对政策扩散有负向影响，地方政府应因地制宜地发展战略性新兴产业并不断增强本地能力建设。逯东和朱丽（2018）研究发现，战略性新兴产业政策促进了受该政策支持企业的创新，但主要表现在市场化程度较低地区的国有企业中，而在非国有企业中均不显著。吕晓军（2016）通过战略性新兴产业上市公司的数据构建了回归模型，得出结论，政府补贴能够激励企业增加技术创新投入，并且市场化进程越高的地区，政府补贴对企业技术创新投入的激励作用越显著。山西省内学者最初的研究以延伸煤炭产业链、改造提升传统产业为主，逐渐拓展为产业集群、科技创新、产业布局、人才培养等方面的研究。郭勇（2020）通过总结山西省战略性新兴产业现状，指出主导产业选择缺少有效集群效应，创新能力不足。李强、王跃婷（2020）提出将产业的平衡态空间结构应用到山西省战略性新兴产业空间布局中，明确区域内各地区战略性新兴产业规模、产业选择和产业定位。魏勇强、乔彦芸（2018）从总产出、使用和出口量的角度分析研究山西省的主导产业选择，利用影响力系数和感应度系数来深入分析。以科技创新支撑引领高质量发展是2035年远景目标实现的主要战略举措。自主创新与战略性产业集群建设深入结合是未来产业的主要发展趋势。融入科技力量，全方位、全过程、全周期体现科技创新战略的推动力量，最终实现产业全面转型升级，推动区域经济发展。

我国2010年10月颁布的《国务院关于加快培育和发展战略性新兴产业的决定》（以下简称《决定》）已选定了节能环保、新一代信息技术、生物、高端装备制造、新能源、新材料和新能源汽车七大重点产业领域，把这些产业领域作为我国战略性新兴产业发展的重点。这些产业领域已经涵盖了经济合作与发展组织定义的电子通信、航空航天、医药制造和科学仪器等4类高技术行业的全部范围，也涵盖了我国定义的电子及微电子、航空航天、光机电一体化、生物工程、新材料、新能源、环保技术、海洋工程、医药及医学工程、精细化工等领域。

2012年5月30日，国务院通过我国战略性新兴产业发展的"十二五"规划，战略性新兴产业发展进入全面推进阶段。当前，其发展中面临一些亟须解决的难题，影响了我国战略性新兴产业的加速推进和取得实质性进展。由于选择的产业领域过宽，战略性新兴产业与高技术产业、高新技术产业的概念和范围都存在很大的交叉，这导致了一系列管理上的困难，包括不同部门管辖权限问题，不同类型优惠政策实施的问题等。同时，这也导致在国家和区域层面都难以集中优势资源，在关键技术和重点领域取得重大突破。

2021年"十四五"规划中14个战略性新兴产业集群：信息技术应用创新、大数据、半导体、光电、光伏、碳基新材料、生物基新材料、特种金属材料、先进轨道交通装备制造、煤机智能制造、智能网联新能源汽车、现代生物医药和大健康、通用航空、节能环保。

2016年"十三五"规划：高端装备制造、新能源、新材料、节能环保、生物、煤层气、新一代信息技术、新能源汽车、现代煤化工等。

2013年"十二五"规划：新能源、节能环保、生物、高端装备制造、新材料、新一代信息技术、新能源汽车、煤层气、现代煤化工等。

2013年《山西省新兴能源产业发展"十二五"规划》：新

兴能源产业是战略先导产业，也是新一轮技术变革的主导产业。

各区域对于正确确定战略性新兴产业的发展重点领域需要进一步明确，比如，近百个城市把太阳能、风能作为支柱产业，从全局来看，存在出现新的布局雷同、重复建设和产能过剩的隐患，需要认真贯彻落实国家出台的战略性新兴产业规划框架，要全力避免战略性新兴产业地级市定位雷同。长远来看，战略性新兴产业市场广阔，但目前国内这方面市场需求还存在不明显、不确定、不主动的情况，市场发育程度较差，有效需求不足，不少新兴产业产品主要销往国外市场。比如光伏产业，90%以上的市场在国外，一半以上的原料需要进口，"两头在外"，生产中产生的污染却留在了国内，产业发展的持续性、稳定性很难保障。战略性新兴产业的发展路径是科技驱动。现在我国科技资源归属不同，难以整合，综合利用效率低，科技成果产权、科技经纪人等科技市场体制不完善。有些企业和产品技术起点不低，但迟迟不能产业化，本来站在技术领跑线上，最终却丧失了领先优势。有的地方科技资源丰富，研发成果相当可观，在当地转化成产品的却不多，科技、经济"两张皮"现象突出。企业缺乏有效的产业组织形式。很多企业规模偏小，研发能力不足，力量分散。企业经常单打独斗，恶性竞争的局面时有发生。战略性新兴支柱产业的发展要具备可持续性，既不摒弃原有产业基础，又要与未来区域发展前景匹配；引入战略性新兴支柱产业竞争，从产业选择和规划阶段就融入科技战略，以企业创新为重心，带动资源型产业有效转型。根据地域建立山西不同区域战略性新兴产业的发展模式，初步划分为以太原市为首的北部和以晋城为首的南部发展模式。突出山西省政府的核心引导作用，打造省域战略性新兴产业信息资源平台，界定地级市战略性主导产业选择分工，避免重复建设和过度竞争带来的结构型失衡。

山西省面临"资源型转型"的现实瓶颈问题，所以才有了现在大力开展的"全面转型"，契机多于挑战。山西省有产业发展的基础，在"十五"计划和"十一五"计划建设期间，凭借先天煤炭资源优势和山西省独特的地理位置，煤炭产业成为山西的支柱产业，也为国家经济建设做出了突出贡献。发展战略性新兴产业，既要审时度势，发展前沿产业，更要尊重历史，不摒除原有的产业基础，真正做到从自身实际资源优势出发，升级本土化优势产业，实现产业全面升级。"十三五"战略性新兴产业增加值年均增长达到 7.8%，非煤工业、制造业增速快于煤炭工业。

山西省战略性新兴产业处于发展初期，市场有效需求不足是最大的制约因素。由于统计口径差别，相关统计数据更新速度较慢，我们无法通过较为具体的数字来进行对比说明。通过主要工业数据和上市公司公开的财务数据不难发现，山西省重工业企业数量占全部工业企业数量的 80% 以上，真正完全归属于"7+2"新兴产业中的企业数量更少，基础较为薄弱，产业发展遗留问题较多。截至 2018 年，山西省市值 100 亿元以上的上市公司大多集中在煤炭开采、洗选业和化学原料及化学制品制造业。这些企业基本都是山西省战略性新兴产业发展规划中的主力企业。其中，太原市的公司占一半，其次是大同市和运城市，这一数据印证了山西省目前的战略性新兴产业布局，以省会太原为经济和技术中心，北部主要城市为大同市，南部则集中在运城市及其周边。

表2-7　山西省九大战略性新兴产业布局"7+2"

| 名称 | 发展重点 | 布局 |
| --- | --- | --- |
| 煤层气产业 | 勘查抽采、储运利用 | 晋城、长治矿区等 |
| 现代煤化工产业 | 煤制油、煤制烯烃、煤制天然气等 | 潞安、晋煤、同煤等 |
| 节能环保产业 | 先进环保和资源循环利用产业 | 朔州工业固废综合利用研发中心 |
| 新能源 | 风电产业、光伏产业 | 示范城市:大同、长治、运城 |
| 新能源汽车 | 电动汽车、甲醇汽车、燃气汽车 | 宇航汽车、山西昊荣等 |
| 新材料 | 镁合金、煤化工材料、煤系高岭土等 | 晋南新材料产业 |
| 高端装备制造业 | 轨道交通装备、高端重型机械装备、智能煤机装备、数字化纺机装备产业 | 太钢、太重 |
| 生物产业 | 原料药、中成药、化学药品制剂等 | 晋东南生物产业 |
| 新一代信息技术 | 电子信息、大数据中心、物联网 | 以太原为中心 |

资料来源:根据山西省政府相关产业发展规划整理而来

2021年出台的《山西省"十四五"14个战略性新兴产业规划》中14个战略性新兴产业包括:信创产业着力打造百信、长城、曙光等计算机制造基地;半导体产业拓展与中国电科战略合作,打造太原、忻州两个高端半导体材料和器件产业集聚区;大数据产业加快推进秦淮数据、百度云计算中心等重点项目建设,扩大综改区和吕梁数据标注产业规模;光电产业做强LED、光通讯、光学镜头、相机模组、手机零部件等主导产品,加快构建"光电材料—光电器件—应用产品"产业链;生物基新材料产业重点推进合成生物产业生态园区、金晖兆隆生物降解聚酯等项目建设，推动人源化胶原蛋白产业化；特种金属材料产业重点推进太钢硅钢、兴县开发区铝镁深加工等项目建设，加快构建"特殊钢、铝镁合金冶炼—高精度加工—高端合金制品"产业链；智能网联新能源汽车产业围绕纯电动、氢燃料、甲醇、燃气等方向，构建"零部件—系统总成—整车"产业链；先进轨道交通产业重点发展电力机车、城轨车辆，加快推进高铁轮轴轮对、高性能转向架、新一代制动系统等关键部件产业化规模化；通用航空产业突出先进航空材料、专用无人机、通航飞机及零部件制造，办好尧城国际通航飞行大会；光伏产业加快提升新型高效电池核心技术水平，构建"多晶硅—硅片—电池片—电池组件—应用系统"产业链；碳基新材料产业推动太钢高性能碳纤维规模量产应用、阳泉碳纤维和高端纺织时尚产业等项目，推进金刚石、电容炭、高端合成蜡等重点项目建设；煤机智能制造产业加大关键技术研发和市场开拓力度，进一步提升智能成套装备市场占有率；现代生物医药和大健康产业重点发展原料药及制剂、中成药、新特药、药食同源产品等；节能环保产业重点发展节能环保装备制造和新型建材。同时，坚持前沿引领、前瞻布局，推动人工智能、量子科技、生命科学等未来产业加快发展。

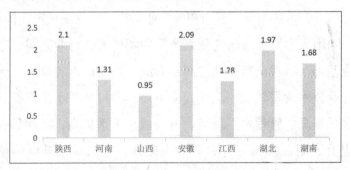

图2-2　部分省份2017年研发投入强度对比

制约山西省战略性新兴产业发展的主要因素包括产业链不健全、科研实力相对落后、人才团队不稳定、龙头企业带动力量较弱等，归根到底，缺乏全面系统调控，发展后劲不足，缺失可持续发展理念和执行力，没有形成有效率的产业规模集群。

研发经费投入可以从宏观角度较好地说明一个地区对于科研的投入程度，也直接影响着科研实力。通过图2-2，我们可以看出，山西省的研发经费投入在中部省份最低，同时我们把近几年产业集群初具规模的邻省陕西省纳入比较，陕西省研发投入力度较大，在全国的排名都相对靠前。山西科研投入绝对量逐年增加，同其他省份相比，增速相对较慢，竞争力相对较弱。一个地区的经济发展水平与研发投入是有着正向关联的。战略性新兴产业的科技含量高，更加需要大量的研发投入。研发投入还牵扯关键人才的重要问题，是一个系统创新环境构建的基础因素。研发不足、创新环境落后，严重制约新兴产业发展。

根据以上分析，本书提出山西省战略性新兴产业发展相关对策如下：微观层面主要是发挥企业主导性，开展自主研发，以市场为导向进行选择；中观层面主要是培育产业集群，发挥聚集效应，打造行业创新平台；宏观层面主要是政策支持和规划，扶持鼓励基础研发，完善配套设施。

第一，市场主导，着力调整工业结构，建立现代产业体系。

利用大力发展战略性新兴产业的契机改变行业结构，夯实工业基础。寻找全新的基础产业升级，改变山西省煤炭、钢铁等行业技术含量较低、规模程度不高；通过装备水平提高、科技含量提高、管理水平提高、节能减排水平提高，实现品牌价值提升、附加价值提升和竞争力提升，全面转型升级传统产业。第三产业的发展要大力配合工业结构调整，协同发展，形成良好循环互动。

山西省的产业集群发展程度较低，缺少水平高、配套全的国家级工业园区，这一状况急需改变。以开发园区为载体，打造特色产业，以市场需求为第一主导力量，依托大型骨干企业，打造若干个具备地方特色，具有可持续发展前景的制造业集群，形成山西省内一批战略性新兴产业集聚区。

积极推进国有企业改革，引入战略投资者，通过并购、上市等方式，大力发展混合所有制，淘汰落后产能。将智能化生产贯穿到产业升级中，高标准严要求，企业制造和管理信息化并举。煤层气产业和现代精细化工行业是山西省的特色战略性新兴产业，充分考虑了地方特色和产业基础，在升级过程中重点关注完善配套设施。

第二，科技引领，鼓励创新创业，升级产业链。

山西省历史悠久，资源丰富。受国家发展政策影响，老工业基础雄厚，具有传统工业技术工人、大型设备，也正是受此影响，升级速度放慢。产业升级不是摒弃原有产业，而是通过科技力量的注入，加大研发投入，政府层面投入基础研究，财政支出方面增加企业研发补贴，全方位升级原有的生产要素，利用资源禀赋，延长产业链，从初级生产品变为科技含量高的终极产品。

引入战略联盟组织形式，企业和高校在政府政策的指导下，以市场效益为目的，开展全方位技术研发合作。山西人民重乡情，只是限制于山西省就业机会相对较少才外出工作。率先制定人才政策并落地，培养成功案例，吸引山西省外出务工农民回乡创业，鼓励有一技之长的社会公民积极创业，成为山西省经济发展的新生力量。完善青年创业创新基地，政府提供必要的扶持资金，引导和培育大学生创业，改变"毕业失业"、大学生人才流失现状，将去往东部省份求学的山西籍优秀大学生通过人才引进方式"吸引"回到家乡建设，培养山西省未来经济发展后备力量。

第三，金融支持，支持多种金融创新形式，配合实体经济发展。

完善以配合实体经济发展为主要任务的现代金融服务体系。山西省多层级资本市场体系尚未到位，金融领域市场化不够彻底，多种合作模式的金融工具没有得到认可和普及。金融支持煤炭产业资源整合本身就是政策导向作用的结果。传统思路认为金融机构只是资金提供者，当企业发展所需资金量大，投资回报期长的情况下，金融机构出于风险机制而选择性逃避，所以急需开发新的金融支持合作模式，比如，鼓励金融机构参与产业基金建设，主要扶持骨干企业的研发资金投入和企业大型设备建设投入，建立研发专项投资机制，骨干企业优势资产做抵押，政府方面做引导，合作模式制度化规章化。

在发展山西省战略性新兴产业的过程中，需要注意战略性新兴支柱产业的发展要具备可持续性，既不摒弃原有产业基础，又要与未来区域发展前景匹配；引入战略性新兴支柱产业竞争，以企业创新为重心，带动资源型产业有效转型。根据地域建立山西不同区域战略性新兴产业的发展模式，初步划分为以太原市为首的北部和以晋城为首的南部发展模式。突出山西省政府的核心引导作用，打造省域战略性新兴产业信息资源平台，界定地方政府职责，科学合理引导地级市战略性主导产业选择分工，避免过度干预带来的重复建设和过度竞争带来的结构型失衡。

## 第五节　制造业转型升级的路径分析

2021年12月，工业和信息化部、国家发展和改革委员会、教育部、科技部、财政部、人力资源和社会保障部、国家市场监督管理总局和国务院国有资产监督管理委员会八部门发布《"十四五"智能制造发展规划》提出，智能制造是制造强国建设的主攻方向，其发展程度直接关乎我国制造业质量水平。发展智能制造对于巩固实体经济根基、建成现代产业体系、实现新型工业化具有重要作用。

在中国新发展阶段，工业化阶段的演进使制造业进入高质量发展阶段。在中等收入阶段，制造业增加值和TFP较快增长，促进了GDP增长和整个经济TFP增长，成为大国经济顺利进入高收入阶段的重要原因。我国制造业发展正面临实践与理论的挑战。从实践上看，我国制造业增加值占GDP的比重，已从2007年的32.4%快速下降到2019年的26.8%，同期第三产业的比重由42.9%上升到54.3%。制造业具有更大的技术进步潜力，这无论是在经典的增长理论还是工业化理论的文献中都有阐述。制造业的发展往往会加速整个经济的技术进步速度，并通过联动效应从制造业扩散到服务业等其他经济部门进行技术创新的传播。近几年中国经济增速下行、全要素生产率波动、产业结构升级缓慢等问题，与制造业增速大幅下降有很大关系。

### 一、制造业转型升级的重点

制造业转型升级是产业发展的重要部分。从国家战略层面部署到地方经济发展布局，制造业都是关注重点。"互联网+"

与制造业结合最早是销售环节，继而到服务环节，到现在渗透到制造环节，这已经是全世界公认的制造业转型之路，但是目前的研究多集中在宏观层面。对于具体企业而言，行业差异、地域差别、企业发展历程不同等因素使得具体转型之路不尽相同。在寻找适合自身的转型路子中，制造业企业面临着诸多问题，尤其是中小型制造业企业。发展中国家特别是中国的创新能力提升、国内配套能力增强，许多中间投入品实现了在国内生产，无须到国际市场上进行采购。随着经济增长和收入水平的提高，发展中国家本土市场规模持续扩大，更多本国制造的商品可以就地销售而不是出口到国外。机器人、人工智能以及工业互联网、智能制造等技术不断成熟，"机器换人"更加普遍，产业的资本密集度、知识密集度不断提高，使得原本容易实现全球劳动力成本套利的产业链，即使布局在一国内部也变得有利可图。"逆全球化"暗流涌动、一些国家推动制造业"回流"等，对全球价值链的"缩短"也产生了一定影响；生产靠近市场带来的供应链响应速度提升、价值链本地化对供应链韧性的改善等许多因素，也在促使全球制造业价值链的"缩短"中发挥了作用。我国是世界最大的工业国，一些发达国家和跨国公司正在考虑在中国之外培育新的供应来源。但实现供应链的多元化、本土化要受到诸多因素的影响，而且投资大、历时久。目前，凭借着完整的产业体系、庞大的国内市场，我国仍将继续成为全球生产体系的主要组成部分。

加快推动制造业高质量发展包括提高制造业产业基础能力，提高制造业产业链供应链稳定性和竞争力，推动制造业创新发展和优化升级，推进制造业数字化网络化智能化，提高制造业绿色化发展水平，推动先进制造业和现代服务业深度融合，推动制造业高水平对外开放，优化制造业高质量发展环境。这与资源型产业转型和可持续发展路径本质相同，关注中小型制造业企业转型中存在的问题，解决转型难题，对于推动数字化经济发展十分重要。国家对于制造业企业转型升级一直十分重视。近年来，从中央到地方都提出相应的制造业转型的政策文件、资金扶持，却少有专门针对中小型制造业企业的扶持政策。以浙江省为例，浙江省有大量的中小型制造业企业，是民营经济大省强省，在转型之路上领先于其他区域，却仍然存在融资难、难以享受优惠政策等困难。中小型制造业企业转型发展中存在的问题具有一定的共性。首先是管理水平参差不齐，普遍落后混乱，这直接导致因为理念落后转型迟迟无法开始。民营企业家大多白手起家，吃苦耐劳的拼搏精神毋庸置疑，却在创新力方面普遍欠缺。其次是资源有限，包括资金、技术、人才等创新要素十分稀缺，中小企业无法"大手笔"投入，转型所需要的硬件软件设备耗资较多，即使获得融资也很难吸引到关键环节的人才。再次是缺少统筹能力，信息化改造需要全方面人才，投资周期长，很多企业即使开始转型，却缺少持续走下去的支撑，导致前景良好的发展战略无法实施下去，半途而废。这也是中小型制造业企业转型鲜有典型成功案例的主要原因之一。综上所述，传统制造业主要依靠劳动要素和资源要素，在全球价值链升级的浪潮中，面临信息革命带来的数字化转型，要素矛盾直接导致转型之路异常艰难。

以比较优势论和企业战略相关理论为基础，结合国内外成功典范，总结中小型制造业企业转型的关键环节和步骤，如图2-3所示。生产、营销、售后这些传统意义的流程在互联网+经济模式下，借助大数据技术背景，围绕全产业链和全价值链，转变为智能工业互联网平台、共享式服务创新平台。价值实现不单纯是"双赢",而是多方共赢。无论是车间的传统生产环节,还是营销业务环节、行政辅助环节,数据共享带来了多方效率提升,业务模式发生彻底转变。

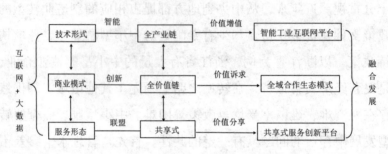

图2-3　制造业企业转型关键环节

## 二、制造业集群发展之路

通过回顾我国经济发展历史,工业化道路是正确的选择。"十四五"规划中,对于制造业的发展作出了明确的方向指引,推进先进制造业集群发展,是我国推动制造业优化升级、参与全球产业链分工合作的重要途径。

先进制造业集群必须兼具"规模效应"和"内生动力"。产业集群是现代产业发展的重要组织形式,不仅是地区经济发展的主导力量,而且是国际经济竞争的战略性力量。培育先进制造业集群是新时期推动制造业高质量发展的重要举措,它的重要标志就是有较强的国际竞争力。顾名思义,先进制造业集群不仅要注重产业的"规模效应",也要注重产业发展的"内生动力"。

鉴于全国各产业集聚区发展不平衡,产业园区发展质量参差不齐,各地应通过自查或邀请第三方机构开展产业集聚区发展质量诊断，明确症结所在，是"规模效应"弱，还是"内生动力"不足。按需施策，有针对性地整合产业集聚区，淘汰落后产能，促进区域制造业集聚区由散到聚、由乱到治，加快培育具有地方特色的先进制造业集群。选取具备全球竞争力的产业，在产业主管部门的指导下，发挥地方积极性、主动性，有序开展培育先进制造业集群试点。通过有计划引导，发挥市场主导作用，形成若干在技术创新、产业实力和品牌效应方面具有全球影响力和竞争力的先进制造业集群。完善培育先进制造业集群的政策措施，支持网络化集群促进组织建设，提升集群促进组织服务能力和影响力。支持集群内公共设施和服务建设，在IT服务平台、重大科学设施、培训等方面给予一定的经费支持，降低产业创新成本，加速信息扩散和技术溢出，支持集群对外开放合作，提升国际竞争力。

### 三、中小型制造业企业转型案例分析

山西长治维特衡器有限公司是一家具有67年发展历史的集科研、生产、销售物联网衡器及智能信息化管理系统的国家级高新技术企业，是中国衡器协会副理事长单位、高新技术企业、山西省智能制造试点企业、通过了 ISO：9001 质量体系认证和国家两化融合管理体系贯标认证。公司拥有 3 项国家发明专利、24项实用新型专利、12项软件著作权。企业和产品质量多次获省市级荣誉和嘉奖。

公司前身为长治市衡器厂，1971年这里诞生了我国首台500kg 国标机械台秤，成为华北最大的机械衡器制造基地。1986年自主研制开发称重仪表传感器，开启了山西省电子衡器时代。2000年引入数字化传感器和计量管理软件，2008年开始数

字化衡器及信息化管理系统建设，2011年公司被认定为高新技术企业，2016年开始打造智能衡器工业互联网平台。改制为现代公司管理制度之后的维特衡器有限公司在本行业技术创新之路上从未停止，在转型之路上不断摸索。

维特衡器专注于大宗物料行业的称重计量、测控领域，应用"互联网+衡器"模式，以大数据为驱动、物联网为基础、计量为核心，研发制造智能衡器、智能终端、计量信息管理平台、智能衡器远程运维服务平台等高新技术产品和服务。为煤炭、化工、电力、矿山、建材提供整体专业的智慧物流、供应链管理、称重计量、数据采集、分析检测、运程运维等。

工业衡器体积和重量大，运输距离超过300千米后成本大大提高，这使得企业的用户只能集中在运输距离之内。随着山西省资源型产业的转型，维特衡器也开始探寻新出路，与其他传统中小型制造业企业相同，传统的生产、管理、营销模式出现很多纰漏。具体来说，在制造环节，由于不能掌握衡器状态，对产品使用的实际需求和业务流程无法直观了解，没有大数据的支撑，研发的产品不符合客户实际需求。在使用环节，传统人工过磅效率低下，业务流程复杂，过磅漏洞较多，滋生作弊现象。企业供应链内外部封闭，通过传统方式传递信息。在供应链环节，供应商、销售商、承运商、运输车辆都是相对独立的单元，没有进行网络协同，无法高效快捷地传递信息，从而降低了整个供应链的运行效率。

企业管理层将目光转向工业互联网建设。作为新一代信息技术与制造业深度融合的产物，工业互联网日益成为新工业革命的关键支撑和深化工业质量发展的重要基石，以美国为首的发达国家纷纷将工业互联网平台作为战略布局的重要方向，如美国通用电气公司于2013年就推出了Predix工业互联网平台产品，拉开了国际工业互联网平台发展序幕，随后德国西门子推出了Sinalytic平台，对所有跨业务的远程分析和维护服务进行整合。我国工业互联网平台的发展已经具备一定的基础，一批领先企业率先推出相关产品及解决方案，如三一重工搭建了工业大数据分析平台、海尔构建人机物互联平台等，但我国现有工业互联网平台架构偏重传统工业，工业互联网平台系统的集成能力十分有限，尤其在细分领域基于经验知识的数据建模和分析能力不足，限制了数字经济与工业经济的深度融合。

面临转型压力和诸多现实经营问题，企业管理层开始了转型之路的实践，身体力行，董事长和总经理直接主持并全程深度参与。维特衡器有重视研发的优良基础，在本身产品的技术创新方面有一定的优势。结合这一点，第一步，吸取国内外优秀同行的成功经验，国内主要集中在长三角地区的衡器制造商，国外则直接选择了走在工业革命首位的德国，远赴德国参观学习汉诺威工业博览会、德国大众汽车实训中心、慕尼黑工业大学创新创客基地等，聘请相关工业专家，建立中德深度合作机制，双向合作交流学习。第二步，搭建智能衡器工业互联网平台。引入上海技术合作公司，针对本企业具体业务情况，打造了智能运销整体解决方案，主要包括高效供应链管理云平台、智慧物流网络货运平台、智能计量信息管理平台、智能衡器运维服务平台，将工矿企业、原材料供应商、产品销售商、承运商、司机、售后工程师全部关联起来，协同管理，克服了之前效率低下、分环节运作的弊端。实施该智能运作平台以来，计量信息管理平台的运行使得主要客户同煤集团虎龙沟煤业日发运量从6000吨提升至15000吨，科兴集团前和煤业销售管理人员从25人优化至6人；远程运维服务平台服务客户数300家、管理衡器设备1000台；物流供应链管理平台司机注册数量30000人、日发运1200单。生产效率、运营效率、物流效率和服务效率都得到极大提升。所有数据实现了实时储备、分析和反馈，为生产、采购、销售、物流提供有效的决策依据。第三步，响应国家新基建政策引领，打造"维特方案"。在政府相关政策支持下，向衡器行业"5G+工业互联网"模式迭代，由单一设备销售过渡到智能设备、远程运维、供应链智能服务、三位一体的制造服务商。先是成立了中德智能制造科技创新中心和实训基地，继而建立起中欧智能制造产教融合科技园，从根本上解决人才、服务、配套方面存在的问题。这是一个"政产学研"一体的智能制造（中小企业）创新创业孵化平台。成立之初，企业与本地对口专业高校山西机电职业技术学院深度合作，实现产教融合，企业解决了人才问题，高校解决了实训培养问题。该园区逐渐发展壮大，目前的功能定位包括公共科技服务平台、创新创业孵化基地、共享智能教学培训基地等。目前入驻并投产的企业包括多立恒机电（智能阀门）、匠心精密（精密模具）、锦浩晟（精密制造）公司等。

在转型之路上，维特衡器有限公司还有许多困难需要克服。在三步走的发展过程中，企业也遇到很多瓶颈问题，如各个环节都急缺对口人才，操作型人才的缺乏限制现有产品的扩产，软件开发人才缺少行业背景知识等。很多方案看似简单，执行起来却困难重重。受地域、行业特殊性限制，单纯的升级没有可持续发展前景，"理想"的升级缺少配套服务支撑，回顾这些实际困难的解决之路，企业管理者表示创新环境的营造是最重要的，所以最后选择了园区建设。园区最终的目标为形成智能制造（精密制造）产业集群，建成高水平职业教育实训基地、共享产品设计、中试及工程化创新基地。一旦全部实现，不仅会实现自我转型，还能带动周边企业，推动地区产业升级，实现产教融合和行业融合发展。

# 第三章 资源型产业可持续发展要素

## 第一节 资源型产业转型过程中的要素

本章主要分析资源型产业转型和可持续发展中重要的要素是如何起作用的，包括人才、政企合作、产学研联盟、行业协会、产业链、数字经济等。同时，对制造业和零售业的融合发展进行初步分析。

### 一、人才篇

#### （一）人才的重要性

党的十九届五中全会审议通过的《中共中央关于制定国民经济和社会发展第十四个五年规划和2035年远景目标的建议》，作出深入实施人才强国战略，建成人才强国重大战略部署。这是未来一个时期我国人才事业发展的新目标，也是对全党全社会加强人才队伍建设的再动员，体现了对新时代中国特色社会主义现代化建设支持体系的战略考量，意义重大深远。2021年9月27日至28日，习近平总书记出席中央人才工作会议并发表重要讲话，强调要坚持党管人才，坚持面向世界科技前沿、面向经济主战场、面向国家重大需求、面向人民生命健康，深入实施新时代人才强国战略，全方位培养、引进、用好人才，加快建设世界重要人才中心和创新高地，为2035年基本实现社会主义现代化提供人才支撑，为2050年全面建成社会主义现代化强国打好人才基础。

　　培养人才，需要全社会参与。人才引进和使用表面是用人主体的行为，却事关人才发挥作用的机制。习总书记强调，完善人才评价体系，加快建立以创新价值、能力、贡献为导向的人才评价体系，形成并实施有利于科技人才潜心研究和创新的评价体系。相当于为人才发挥作用提供全方位的保障，以便于有效转化为驱动力。我们之前对于人才培养给予了较多的关注，却对于人才使用方面缺少足够的投入。比如，取消职业资格，实行社会化职业技能等级认定，就是由职业资格评价改为职业技能等级认定，改变了发证的主体和管理服务方式，主要是实行"谁用人、谁评价、谁发证、谁负责"，真正发挥用人主体的作用和社会组织的作用，政府对评价主体进行监管服务等。实行职业技能等级认定后，对技能人才队伍建设，对技能人才的培养培训、选拔使用、表彰激励都会起到积极作用，也能为技能人才成长成才提供更加广阔的天地。

　　产业转型主要靠创新驱动，而创新活动的实施主体是高层次人才。从基本内涵来看，人才需要具备一定的专业知识，掌握一定的专业技能，可以有效地参与创新活动，推动专业发展。由此可见，人才资源是区域经济发展和产业转型升级的主要动力来源，这也是人才资源价值的主要体现。近年来，人才引进竞争激烈。一线城市的人才落户政策已经与专业密切相关，比如，上海规定"航空航天、量子科学、物联网、大数据等13个科技领域人才可直接申请落户"。近年来，伴随城市规模扩大，二线、三线城市的人才引进竞争逐步加强。"人口结构压力增加"与"人力资本面临结构性短缺"成为城市发展中的共同难题。15~59岁劳动年龄人口从2012年开始下滑后，人口红利就开始下降，人口结构变化的影响已经向二线城市、新一线城市甚至是一线城市传导。劳动力供给形势发生变化，劳动力成本会显著上升，从而影响经济竞争力；养老、医疗负担加大也会影响积累和投资等，从而影响经济发展。专业组织发挥作用不足，人才工作与产业发展之间存在一定间隔，政府、社会、市场没有形成人才推动合力，市场配置人才的决定性作用发挥不足等问题还比较突出。

十三届全国人大常委会第三十二次会议于 2021 年 12 月 24 日完成对《工会法》的修改。新修改的《工会法》进一步完善工会职责定位和工作制度，聚焦产业工人队伍建设改革等内容。现行《工会法》于 1992 年公布施行，2001 年、2009 年进行了两次修改。全国人大常委会法制工作委员会副主任张勇表示，此次修改切实加强党对工会工作的领导，及时将行之有效的经验做法上升为法律规定，增强了工会组织的政治性、先进性、群众性，能更好发挥工会在维护职工合法权益、服务职工群众方面的职能作用。新修改的《工会法》体现产业工人队伍建设改革的新要求，增加规定：工会推动产业工人队伍建设改革，提高产业工人队伍整体素质，发挥产业工人骨干作用，维护产业工人合法权益，保障产业工人主人翁地位，造就一支有理想守信念、懂技术会创新、敢担当讲奉献的宏大产业工人队伍。

信息技术已经融入经济社会生活的方方面面，催生出许多新产业新业态新模式，这对数字化人才培养提出诸多新要求。数字时代需要的不仅仅是技术型人才，更需要能将设计思维、业务场景、经营方法和信息技术等有机结合的复合型创新人才。培养适应信息化发展需求的人才，需要社会各界共同努力。要做好数字化人才培养的顶层设计，鼓励多元投入，营造人才成长的良好环境。高校、科研院所要坚持面向世界科技前沿、面向经济主战场、面向国家重大需求、面向人民生命健康，构建高水平复合型人才培养模式。相关行业、企业要为数字化人才建立可持续的成长机制，形成助力人才发展的环境和文化。

（二）山西省人才篇

近年来，尤其"十三五"规划建设期间，山西省的人才引进和培养从政策层面、制度层面和执行层面都有了较大提升。围绕经济转型的迫切任务，山西省提出多项人才发展计划，如，"高端创新型人才培养引进和新兴产业领军人才培育工程""高技能人才开发工程""优秀企业家培育工程""三晋学者支持计划""三晋首席技师培养计划"等。在人才引进方面，山西省加入省会城市"抢夺人才"大战，重视省会城市带动作用。在职业教育方面，完善提升山西省职业院校技能大赛。出台《山西省中长期人才发展规划纲要（2010—2020年）》，提出"人才强省"战略，这是山西省第一个中长期人才规划，并且在此基础上出台分行业分领域的人才发展规划。人才结构得到改善，新兴产业领域和基层都有了年轻高学历人才的补充。人才服务配套有了极大提升，引进人才的生活保障逐步健全，以"三晋通"App为例，人才政策清单和人才服务事项清单专栏查询方便，明确了各项工作流程及完成时间上限。给予事业单位岗位设置专属管理权，科研经费比重加大，科研机构落户奖励力度加大。由表3-1可见，以省会太原为例，人才落户政策的竞争力已经提升，可以跟其他新一线城市相比。2020年山西省更是加大了人才引进和奖励政策力度。

表3-1　部分城市人才落户政策

| 城市政策 | 西安 | 武汉 | 成都 | 郑州 | 太原 |
|---|---|---|---|---|---|
| 落户政策 | 在校大学生凭毕业证、身份证在线落户 | 30周岁以内，在武汉创业就业且有稳定住所的本科生、专科生可直接落户 | 45岁以内本科生及以上学历凭毕业证办理落户 | 专科及以上学历在郑州就业居住后可落户 | 硕士及以上学历者；45周岁以内本科生；具备中级及以上或技能证书可直接落户 |
| 住房政策 | 可申请公租房并提供一定优惠 | 提供人才公寓 | 免费入住青年人才驿站 | 对"双一流"高校毕业生及硕士、博士生给予住房补贴 | 提供住房和购房补贴 |

资料来源：各地方政府公开政策

作为传统煤炭大省，山西省的地理位置优势并不明显，在全国的各项经济指标排名都不太靠前。山西省也是近年来才加大人才引进力度的，缺乏积累和机制构建，没有形成完善的人才培养体系。

第一，人才发展政策缺乏针对性，透明度有待提升。以2020年6月太原市公布的人才引进公告效应为例，在网络上引来一片质疑声，这其中既有"误解"，也在某种角度上体现出积累已久的急需改变的"关系论"现象。人才引进的条件、岗位和专业比例必须与产业转型紧密关联，但是目前的引进政策门槛相对高，流向却主要在基层和农村，如果没有充分的保障机制，基层工作对高学历人才缺乏吸引力。人才政策执行不力和方向不明确，没有完善的体系支撑，未充分考虑实际情况。

第二，山西省高等教育综合实力相对较弱，缺少优质生

168

源。高校学生是人才资源的主要来源，毕业生出于惯性考虑往往会留在高校所在城市工作。比如，武汉、西安等高校众多，基数大，加之聚集效应，高校毕业生留在大学所在城市工作的人数相对较多。山西省内高校从数量和质量上都不够有竞争力。省内211工程大学仅太原理工大学一所，参照太原理工大学2019年就业报告数据，省内生源留在本省的比例仅四成，外省生源的这一比例一成不到。百年历史的山西大学近些年发展不够显著，缺少工科、医科，学科体系不健全。除此之外，本科院校和独立学院的应用型特色不够明显。应用实践性定位不明确，缺少办学特色，直接影响了人才的培养。

第三，职业教育体系不健全。定向培养的技术职业院校规模较小。职业教育旨在培养具备基本工作技能的操作型人才，提供产业工人，有助于产业结构调整。山西省职业院校分散办学现象明显，缺乏整合统一的规划和有力的资金支持，技术含量低。山西省传统工业行业的产业工人是有一定优势的，但近些年的产业结构调整直接导致产业工人结构不对口。通过工业园区调研发现，煤化工行业转型所需的技术操作工人省内并没有培训技校，需要去外省招聘，增加了难度。

第四，农村人口学历普遍较低，观念传统，接受再培训的比重低。山西省处于内陆中部，老百姓接受新鲜事物的偏好度低，缺乏足够的尝试精神。农村交通状况虽然已经大大改善，与外界的交流也增多，但是多年来束缚农民的传统观念很难改变。"求稳""守着家门口"等意识仍然很普遍。山西省历史文化悠久，古有晋商文化，却在开放性上有所欠缺。人情文化、圈子文化影响比较重，不愿离家太远，不想在外停留。

表3-2　山西省人才引进相关政策

| 时间 | 相关政策文件 |
|---|---|
| 2017年3月9日 | 《中共山西省委关于深化人才体制机制改革的实施意见》 |
| 2017年6月 | 《山西省深化人才体制机制改革财政支持政策的通知》 |
| 2017年7月 | 《山西省人民政府关于印发山西省促进科技成果转化若干规定(试行)的通知》 |
| 2017年9月21日 | 《支持引进高精尖缺人才实施办法(试行)》 |
| 2018年2月7日 | 太原市《关于深化人才发展体制机制改革加快推进创新驱动转型升级的实施意见》 |
| 2019年3月22日 | 《太原市事业单位引进高层次人才实施办法》 |
| 2020年8月 | 《奖励博士毕业生及博士后研究人员来晋工作实施办法》 |

资料来源：根据政府官网资料整理而来

　　山西省的产业转型已经取得初步成效，煤炭相关初级行业的比重下降。新兴战略性产业体系初步构建。为适应产业转型，结合现状和问题，提出以下对策建议。

　　第一，转变政府职能，更新发展理念。从根本上意识到人才资源是产业转型的第一资源，制度执行力度要加强，落实责任人制度，减少过度干预，增强服务意识。目前引进人才政策得到较多完善，人才留用机制尚未构建完全。建立重点行业领域人才库，实现人才优化配置，加大专项资金扶持。人才软环境的改善要靠政府引导，企业为主体，社会共同参与。

　　第二，完善多层次培养体系。高校的人才引进适时调整专业结构，服务地方经济发展，人才培养要与地方优势产业结合，不能脱节。"产学研"合作的重要内容之一就是人才对接。高校的人才要与当地企业需求结合，建立面向区域、面向产业的专业发展机制，研发也要更多地考虑实用性。企业人才培养要与相应研究机构对接，打造人才培养共享平台，解决毕业生参加工作无法适应岗位，关键技术岗位又急缺人才的矛盾。

第三，构建全方位激励机制，尤其健全青年人才和创新人才的激励体系。通过完善基础设施，健全配套机制，打破"论资排辈"传统，破格提拔核心人才，在用人方面向南方城市学习，更为"大胆"。分行业分企业类型调整人才激励政策，真正做到因人制宜。严禁平均主义，量化考核，严格执行，杜绝"人情论""关系论"现象。目前的人才政策清单中以奖励为主，在后续人才留用方面需要进一步补充。除了大力引进高层次人才，对于现有人才的激励要有针对性。

第四，健全以职业农民为主体的农村实用人才培养机制。重视基础性人才，实施统筹安排，加大宣传舆论，引导观念转变，技术型基础人才对于行业的可持续发展非常重要。从培养模式上改革，创新应用型和技术技能型人才培养模式相结合，发挥职业院校和企业的"双主体"作用，落实学历证书和职业技能证书"双证书"制度，力求提升综合素质。此外，着力解决收入分配差距过大的现实问题，规划产业工人职业发展道路。

第五，改善人才硬环境，提升城市服务水平。山西省的生态文明建设取得较大进步，空气质量得到一定改善。但是在交通、医疗、教育和城市建设等方面仍存在进步的空间。不仅外地人才，本地人才有很多离开的原因也是基础设施薄弱问题。想要留住人才，配套设施和服务至关重要。

人才发展事关山西省产业转型的成败。总体来说，需要倡议产业引领，结合各城市的发展定位，完善引进和培养一体化机制。尊重市场规律，让市场选择，配合政策引导，形成适合山西省经济发展的全方位人才发展体系。

## 二、政企合作篇

政企合作中最常见的模式在于基础设施建设中已被广泛采用的PPP模式，即Public-Private-Partnership模式，是指政府与私人组织之间为了提供某种公共物品和服务，以特许权协议为基础，彼此形成一种伙伴式的合作关系，并通过签署合同来明确双方的权利和义务，以确保合作的顺利完成，最终使合作各方达到比预期单独行动更为有利的结果。

政府在经济发展中的角色一直是经济学中充满争议而又富有挑战性的课题。普遍被认可和接受的是，政府的主要任务应该是宏观决策、规划制订、制度建设和标准把关等工作。主要包括。

第一，企业变革和创新模式的宣传者、推进者。政府的一个重要任务，是深入推进企业制度改革和技术升级，通过动员企业自我变革及向"龙头企业"学习，积极培育创新模式。政府应积极为企业发展过程中的转型升级创造有利条件。创新模式升级方面，政府可根据产业调控，提供技术创新、模式创新所需的资源要素的聚集能力，形成高质量产业集群。

第二，经济资源的调控者。主要通过财政政策、货币政策、产业政策来实行。其中，财政政策调控社会总需求结构，货币政策调控社会总需求数量，产业政策调控社会总供给。当企业遇到外部环境压力与市场竞争挑战的时候，政府竭尽全力帮助企业解决资金、技术、人才、土地等方面的实际困难。

第三，公共服务的提供者。政府提供法律体系、企业权利保护、知识产权保护，保证分配公正的财税金融政策等。政府建立基准，依法行政，保护政府和企业各自的权利，突出服务职能，为企业创造良好外部创业环境和投资环境。

第四，跨界合作的整合者。政府也应主动去理顺内外关系，在外部关系上，要政企分开、政事分开、政社分开，确保企业的市场主体地位，政府也要主动去理顺政府、企业、人以及其他公共组织之间的合作或者竞争关系，促进良性循环；在内部关系上，主要理顺中央与地方、同级、上级和下级政府间及各职能部门之间的关系。政府可更多作为产业的组织者、公共平台的搭建者来推进，促进合作，共享经验。政府也应协助企业进行海外并购或国际合作。

笔者在项目调研中，对山西省目前政企合作情况，主要从企业层面进行了调查、了解，对企业相关管理人员、技术人员进行了深度访谈。调研发现，目前政企合作模式单一，深度和广度上都欠缺。企业面临的难题，总结如下。

第一，缺少信息指导，出现了信息不对称现象，比如，企业不知道去哪申请相关基金资助，政府做了资助预算却没有合适的项目申请。

第二，缺乏持续性的沟通交流，比如，已经获取了专项研发支持基金，却没有后续的跟进和交流，导致非常有前景的研发项目止于起步。通过调研，被调研企业均表示政府扶持资金基本已经到位，这对于研发来说只是启动资金，后续的资金需求量更为迫切。在企业尚未产生经济效益时，必要的金融支持是最为有力的手段，也是符合市场导向的。目前还没有有力的信贷融资扶持政策。

第三，大数据时代下，技术层面培训欠缺。比如，申请平台的填写并没有人性化，后台技术出现问题时外包机构并不能很迅速地修正。在2019年7月大同工业园区的调研中，通过与企业负责人座谈，我们发现，有一些新型技术在填写专项扶持基金申请材料时遇到了申报困难，系统里的固定表格是按照传统企业的标准进行设计的，对于新材料、新工艺并不适合，很多必填必选项目无法填写，导致申报材料不能提交。

从实际情况出发，对比国内典范，就政企合作提出以下建议措施：

首先，提高财政专项资金的杠杆作用，引入金融机构。财政资助包括科研基础条件和能力建设、专业性技术创新平台、科技创新创业服务机构和科技创新项目示范等。通过发挥财政资金的杠杆作用，将进一步强化各研发主体自身投入因素，引导促进全社会加大研发投入。在中央引导地方科技发展专项资金安排方式上还将探索补助、以奖代补、贷款贴息、发放创新券等财政资助方式，引导更多社会资本投入科技创新领域。

其次，以人为本，以企业为主体，市场为主导，人性化服务。我省科技厅为主体构建的科技成果转化和知识产权交易服务平台已经取得一定的成绩，但是普及面不够广，信息汇总更新不够及时。专业研发机构的人员由于精力和专业限制，往往无法寻找资金投入，那么，引入科技中介服务机构，可以取得多方共赢的结果。整合社会各方资源，组建中介服务机构，并注重丰富机构中的门类，以满足市场日益多元化、高层次的服务需求。

敢于面对现状，承认差距。并不是一味追求最一流技术，而是从实际出发，循序渐进地发展。科技创新要重点围绕新兴支柱产业，引导山西产业结构调整。

### 三、产学研联盟

产学研合作是建设"以企业为主体，以市场为导向，产学研结合"技术创新体系的重要途径，也是统筹区域科技资源的基本形式。

成果（技术）转让模式是将科研院所通过签订技术转让合同，将新技术、新产品、新工艺等的专利权、专利申请权、专利实施许可权、技术秘密等科技成果有偿转让给企业，并帮助企业将技术投入生产，形成生产能力，这种模式对于技术成熟度，受让企业自身的经济实力和科研情况都有一定的要求。

技术开发模式是产学研各方共同投入一定的要素进行合作，是目前规模较大企业的产学研主要模式。人才培养模式即高校、研究机构与企业合作培养人才，比如在高校专门设立以企业名称命名的软件、电子商务、电子等专业定制班，在企业设立科研院所学生实习基地和博士后创新实践基地等。该模式有利于合作双方相互交流学术界和产业界的知识、技能和经验，有利于企业建立针对性强的人才培养机制。对企业而言，短期内可以解决企业人力资源不足的问题，从长期来看可为企业储备专业技术人才；对高校、科研机构而言，有利于学生（大学生、研究生）理论联系实际，使高校、科研机构的研究更贴近实际、贴近市场需求。随着产教融合战略地推行，人才培养模式的深度和广度都有所发展。

共建实体模式是指企业与高校或科研单位组建股份制公司、研究开发中心、中试基地等实体，成为相对独立的活动单位或法人。共建经济实体模式是产学研之间最紧密的、以资本为纽带的合作模式，也是最成熟的合作方式。这种合作模式有利于高校、科研单位与企业之间形成相互了解、彼此信任的长期联系与合作关系，有利于将技术优势不断扩展为规模经济优势，从而获得技术成果与高收益回报。从成果转让到合作开发再到共建实体是一种逐级渐进的关系，合作关系逐渐趋于紧密。但是从实际情况来看，共建经济实体并不很广泛。在采取共建实体模式的企业中，共建研发中心、实验室的成效较好，而共建股份公司成功的案例较少，其主要原因在于：企业追求利益最大化和高市场占有率，高校追求高学术水平、较强的学科优势和培养优秀的人才，科研机构追求研究开发能力的提升，各自追求的目标不同，要通过建立经济实体走到一起很不容易。

校企联盟模式是当前形势下产学研合作较为有效的组织形式。校企联盟有丰富的内涵，可以是一个高校院所的单个学科（领域）或团队与一个或一批企业结对实施科技服务；可以是多个高校院所的一批相关学科（领域）或团队集成服务于一个企业或一批企业，形成产学研合作的大联盟；可以是省外乃至海外的高校、科研机构与企业建立合作联盟；可以是高校院所服务农业，与县、乡（镇）、村合作，建立各类农业科技基地和园区；还可以是高校院所的学科团队与地方或高新园区合作，共建创新平台、基地和联盟等。产学研战略联盟模式是指企业、高校及科研机构从各自的发展战略目标与战略意图出发，以股权或契约的方式建立的较为稳固的、长期的合作关系。

战略联盟模式的主要任务是组织企业、大学和科研机构等围绕产业技术创新的关键问题开展技术合作，突破产业发展的核心技术，形成重要的产业技术标准；建立公共技术平台，实现创新资源的有效分工与合理衔接，实行知识产权共享；实施技术转移，加速科技成果的商业化运用，提升产业整体竞争力；联合培养人才，加强人员的交流互动，为产业持续创新提供人才支撑。这种模式优势在于产学研联盟的结合度高、联盟成员之间互动性强、交易成本较低、技术创新能力强，能有效促进合作中各要素与资源的综合利用，具备持久的发展潜力，是产学研合作的进一步升级。

科技资源共享模式：企业在技术创新中，需要大量的科技资源，自身却相对匮乏，技术创新受到较大的影响。为弥补其不足，企业需要与科技资源相对充足的高校、科研机构进行合作，充分利用高校、科研机构的科技文献、仪器设备等资源，以解决自身科技资源不足的瓶颈问题；而高校、科研机构也可能需要利用相关企业的厂房、加工设备等作为中试或实习基地。该模式的特点：一是属于辅助性的产学研结合模式；二是几乎不存在合作风险；三是科技资源得到充分利用。对企业来说，这种模式为企业节省了大笔的测试费用，也为其顺利开发新产品创造了条件。

公共服务平台模式：公共服务平台模式的高校、科研机构利用学科、专业的优势，建立面向行业的公共服务平台，为企业提供专业的共性技术服务。

公共技术服务平台模式是一种更高级的产学研结合模式，实现了研究开发、技术咨询、技术服务有机结合，它实际上也是一种商业模式，适用于有较强的技术研究与开发能力、先进的科学仪器与技术设备、高素质的人才队伍且有较强的服务意识的机构。公共服务平台除了实体平台，还可以是网上平台。政府通过线上资源对接，为产学研各方提供真实有效的技术供需信息，从而促进科研成果产业化。

技术交流模式：技术交流模式的产学研合作指研究机构、高校等通过专家会诊、现场解难、技术交流、成果对接等形式，与企业开展产学研交流活动，比如举办专家研讨会、技术沙龙、信息经济创业创新大赛等。该模式是松散的合作方式，一般由政府部门或行业协会组织开展，邀请相关机构和企业参加。

科技园区模式：主要以大学科技园为主，一般主要是由高校发起，联合多家企业和政府参与，主要从事高新技术产品的开发和成果的转化等。科技园区模式打破了学校、科研机构、企业及政府之间的壁垒，使知识经济、技术创新、经济发展和高校发展成为一个连续的有机体。

总体看来，产学研合作已经成为提升企业创新能力的主要路径。但其中也存在一些问题：一是产学研合作的理念还存在差异，科研院所往往热衷于有利于评奖评职称的课题研究，信息产业企业则瞄准有市场需求的项目开发，导致两者需求做法难以有效匹配对接；二是产学研联合中，信息不对称，各主体之间信息交流的平台还不够；三是产学研联合中，企业在成果转化中的"二次创新"不够，很多企业都依赖科研院所的"交钥匙工程"；四是产学研合作中融资渠道不够顺畅，科研院所由于资金不足，普遍缺乏中试基地，而广大中小企业缺乏科技与开发资金。所以这还需要各地政府从政策、体制、平台、环境等方面多措并举，进一步促进产学研结合。

国家实验室是以国家现代化建设和社会发展的重大需求为导向，开展基础研究、竞争前沿高新技术研究和社会公益研究，积极承担国家重大科研任务的国家级科研机构。根据国家重大战略需求，在新兴前沿交叉领域和具有中国特色和优势的领域，依托国家科研院所和研究型大学，建设若干队伍强、水平高、学科综合交叉的国家实验室。进入"十四五"发展阶段，山西开创企业国家重点实验室建设新模式，太重集团、华新燃气、潞安化工等4家企业与太原理工大学、中北大学、太原科技大学签署共建、共管、共享企业国家重点实验室协议。此次签约，充分发挥企业、高校双方在科技、人才和资源等方面的互补优势，整合资源，优势叠加，开创了我省企业国家重点实验室建设的新模式。这是我省深入推进山西省实验室体系建设，强力推动国家重点实验室建设"保五争五"，对现有的省重点实验室进行优化调整的又一重大举措。共建，即合作的企业和高校共同成立领导小组，组织、协调、推进实验室合作共建。共管，即企业学校联合制定出台相关制度，结合高校学科优势与企业、行业技术前沿，优化重点实验室建设的运行模式，改革重点实验室管理方式，确保重点实验室有效运行。双方将打破壁垒，取长补短，融通融合，共同贯通产学研用，贯通基础研究、应用基础研究、技术攻关、中试开发、产品研发，贯通基础产业、新兴产业和未来产业。共享，即企业和高校充分发挥各自优势，在项目、平台、人才、团队和成果方面加强资源共享、成果共享、智力共享。

山西高等创新研究院坐落在山西转型综改示范区，吸引了众多医学界的"大咖"加盟，为山西生物医药产业发展提供了强大助力。研究院将建设3个学部：生命医学学部、新能源与新材料学部和前沿与物质科学学部。其中生命医学学部下设免疫与抗体技术研究所、细胞与基因治疗研究所、中药与合成药物研究所、大数据与精准医学研究所、历史人类学与古文明遗存研究所等5个专业研究所。

### 四、行业协会

协会是企业与政府之间的桥梁与纽带，要充分发挥自身优势，积极承接政府相关部门委托的有关工作，协助政府加强和改善行业管理，加强调查研究，反映企业诉求和行业情况，组织制定"行规行约"并监督实施，协调维护企业利益，督促企业履行社会责任。在产业链分工中，表面看起来协会是"社会平台"的一份子，但由于协会历史变革的原因，承担的角色比较复杂。

尽管在我国，行业协会的发展已经初具规模，但由于出发点不同，个人主观因素的限制等，理论界对行业协会的概念并没有形成统一的认识。一般而言，对行业协会基本内涵的理解主要包括以下几个方面：1.它的建立和发展不以盈利为目的；2.行业协会是同行业企业为共同的利益自愿成立的；3.它以服务于行业内的企业作为自己的宗旨和追求；4.行业协会是一种非官方组织机构；5.商品经济的产生、萌芽和发展成为行业协会产生与发展的最大动力；6.依法登记和成立成为行业协会成立的基本条件。

协会的角色转变：制定行业标准，组织行业技术研究，开展人才培养，组织成果交流。

第一，制定行业标准。行业协会应成为技术标准制定的主角。国家发改委于2006年7月发布2006年第46号公告。《公告》说，国家发改委直管行业标准化机构，将按《行业标准制定管理办法》的有关规定组织修改、重新出版，做好国家标准清理、转成行业标准的衔接工作。标准制定应遵循市场化原则，首先应遵循市场需求原则。美国、德国、英国、日本等发达国家的标准编制，是从市场需求出发的自愿性行为，政府和标准化管理机构无须下达指令性计划。行业协会、学会、制造商和个人都可以编制有前景的技术标准方面的规则，通过规定的审查程序就能成为正式标准。

第二，组织行业技术研究，比如，中国证券业协会重点课题研究，中国建设教育协会教育教学科研课题（思政专项）都属于行业协会组织的课题研究，为行业发展提供基础研究成果参考，参与人既可以是行业从业的技术人员，也可以是广大科研教学工作者。

第三，开展人才培养。行业协会连接着企业与学校、用人市场与提供者。一方面，行业协会依据行业内的技术更新、发展重点等的变化对职业教育培养人才的规格和标准提出要求；另一方面，职业教育通过行业协会了解企业用人需求从而制定教学大纲，调整教学计划，确定教学内容。作为人才输入者——行业企业的"代言人"，行业协会有权利有义务对职业教育的教学工作进行监督，这主要表现在：监督职业教育课程的开发、课程内容的确定、课程标准的实施等，评价和考核学校的教学质量，监督学校管理。通过一定的标准和程序选定行业人员参与学校管理。

第四，组织成果交流。比如，2013年6月27日，杭州市萧山区化工行业协会联合华东理工大学组织召开以"加强企业与高校的交流，推进化工行业产学研合作"为主题的创新项目成果交流会。2016年8月12日，全国重矿机械行业企业科协协会"讲、比"活动创新成果技术推广交流暨第30届年会在山西省太原市召开，旨在深入贯彻落实中国科协加强企业科协创新方法培训及创新成果交流的要求，推进"讲、比"活动深入开展，从而充分发挥企业科协在服务企业技术创新中的重要作用而召开的。2019年12月27日，在新华1949园区，北京建筑设施服务企业协会分享了协会在服务会员企业、制定行业团体标准、组织职业技能培训等方面取得的成果。

我国缺乏行业协会成长的环境，我国的行业协会对于市场没有造成强大的社会影响力，远未形成一个力量雄厚的利益团体。因此部分地区尤其是经济不发达地区的企业不了解行业协会、不相信行业协会，企业的参与积极性不高。

如山西省煤炭工业协会是经山西省社团管理部门登记注册的全省煤炭行业最大的综合性社会组织，成立于1993年，成立初期名称为"山西省煤炭生产经营协会"，2001年经山西省民政厅批准，协会名称变更为"山西省煤炭工业协会"。现有团体和个人会员267名。协会秉承为行业服务的宗旨，深入会员单位调查研究，了解企业状况，及时向政府和有关部门提出关于行业发展的合理化建议，为政府的决策发挥参谋、助手作用；实事求是反映会员单位的合理诉求，同时加强行业自律，推动行业持续健康快速发展。多年来，协会积极宣传党的方针政策，认真履行"协调、协商、协作、协助、自律、监督、服务"的职责，全心全意为会员、为政府、为行业服务。近年来，紧紧围绕"四个革命、一个合作"能源安全新战略，"打造能源革命排头兵"这一中心任务，深入企业调查研究，积极推动绿色开采、清洁利用，开展管理创新和技术创新，不断提升全省煤炭行业整体水平，促进煤炭经济高质量发展。

### 五、全链条发展和技术创新

创新有多种分类依据和划分层次。与产业转型和企业发展关联最强的分类主要包括产品创新、过程创新、商业模式创新。产品创新是指技术上有变化的产品的商品化。按照技术变化量的大小，产品创新可以分成重大产品创新和渐进产品创新。产品用途及其技术原理有显著变化者可以称为重大产品创新。渐进产品创新是产品的技术原理没有发生重大变化，只是由于市场的需要，要求对现有的产品在功能上做扩展和在技术上做改进。过程创新也称工艺创新，是指把一种新的生产方式和流程引入生产体系，它包括新工艺的应用、新装备和新生产管理方式流程的应用。按照其影响程度的不同，可以分为重大的过程创新和渐进性的过程创新。商业模式创新是指对目前行业内通用的顾客创造价值的方式提出挑战，力求满足顾客不断变化的要求，为顾客提供更多的价值，为企业开拓新的市场，吸引新的客户群。此外，按技术创新的来源划分为自主型技术创新、模仿型技术创新和引进型技术创新。值得一提的是服务创新。互联网的发展，为服务提高了效率，但服务成本却降低了，使企业有条件实现用传统方式难以做到的个性化服务，服务不再仅是企业成本，而是会增加商业流程的附加价值，这就是服务创新。此处的"服务"不仅指服务业本身的活动，还包括制造业和非营利公共部门中的服务活动。

以产业技术创新为驱动力的产业转型最主要的表现形式是产业链延伸。全链条的概念更强调全领域、全范围的发展理念。从全链条视角出发，对山西省资源型产业转型发展进行分析，山西省产业转型虽然已经取得了一定的成绩，但是在转型过程中，观念、体制和配套等方面在很大程度上制约了转型发展的进程，阻碍了技术向经济效益的转化。

链式思想基于哲学中的万物关联思想和循环发展思想产

生。每个企业都是链条中的结点，从原材料、生产设备供应商到制造商再到中间商最终到用户，整条产业链构建成一个连贯的生产联系链条并且最终实现市场化。其中任何一个结点的创新，都可以在不同程度上带动整个链条的集合发展，形成产业创新集聚。在产业全链条发展中，从定位出发，企业是核心，政府和社会的作用虽然重要却是辅助性质的；从要素出发，强调技术、人才，即使是初级生产要素，也要建立在可持续发展的前提下；从生产模式出发，精细加工是发展主导；从结构出发，创新是嵌入整体产业链中的，嵌入式创新和学习型组织是最主要的结构形式；从激励机制考虑，以数量为主的激励模式转变为以效率为主的激励模式；从文化出发，以遵守制度转变为创新为主。

按照科学性、可行性、多层次性原则，利用互联网+大数据技术，建立资源型产业可持续发展动态监控指标评测系统。不仅测度发展水平和产值指标，关注重点还应该放在技术和效率层面。结合现有文献，从山西省资源型产业发展实际情况出发，可以从产业层面、技术创新层面、人力资源层面、资源节约层面等构建可持续发展评价体系。具体来说，产业层面把重点放在人均值指标，技术创新层面更多考量横向比较指标，人力资源层面关注重点行业和基础领域的人才现状，资源节约层面包括利用率和能耗等相关指标。

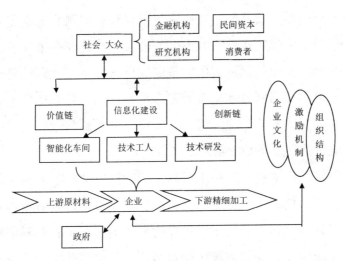

**图3-1　全链条产业发展内涵**

在整条产业链上，生产商的技术创新是最为基础和关键的，也最符合常规意义上的技术创新概念。制造商的创新活动需要经销商的需求反馈，原材料提供商的材料供给，新产品开发出来，又需要经销商的合作来进行市场投放和修正，所以单纯的制造商创新活动只能是整个链条上的一个环节。鉴于此，产业链上下游企业的创新体现了知识转移与技术协同，这一过程主要是通过订单拉动，上下游企业技术联盟，纵向创新等方式实现。值得注意的是，创新过程仅靠行业内部一个或几个企业的力量是无法达到显著创新效益的，多数企业又无法与政府建立直接的创新合作关系，需要具有相同或相似企业发展战略的多个大型企业联合或是行业协会来发挥作用。具体到生产商企业的创新活动，可以用一个价值链来表明，归纳为：研发→采购及物流→制造及运行→营销及销售→分销及渠道→售后服务。在价值链的初始就是研发，即产业链中创新的基础过程。从战略选择、项目规划策略实施到具体的研发活动运行再到最终技术成型并不断完善，这一过程不仅仅要求制造企业完全参与，还要求供应商在原材料方面的配合，经销商在市场需求考察上的合作。而创新过程中，企业联合研发机构、高校科研力量等通过集成、联合和整合等复合形式，形成各个环节上的优势资源的深度嫁接和交互链合，实现全社会参与创新，以形成可以取得最佳效果的创新战略经营模式。

公司的价值链，进一步可与上游的供应商与下游买主的价值链相连，构成一个产业的价值链。产业价值链具有集群效应和链式效应。在以一个主导产业为核心的领域中，关联度较高的众多企业及其相关支撑机构在地理空间上就产生了企业在某一产业价值链上集聚的现象。一个完整的产业价值链需要人流、物流、信息流、资金流的畅通，以实现互补、互动、双赢。产业价值链当中的企业供给、生产、销售、服务都处于一种良好的、动态自我调整的平衡状态，才能带动产业良性发展。

2020年10月29日，习近平同志在中共十九届五中全会第二次全体会议上的讲话《新发展阶段贯彻新发展理念必然要求构建新发展格局》中明确提出"加快科技自立自强，推动产业链供应链优化升级"。

2021年召开的中央经济工作会议提出"产业链韧性"。产业链韧性指在部分链条出现问题时，产业链仍能对破坏性事件做出积极反应，保持动态平衡，并恢复正常运转的一种复杂的适应性。产业链韧性的概念主要针对行业抗风险能力，内容涵盖产业链的全过程，可以通过波特价值链分析来近似地模拟提升产业链韧性的环节，包括供应商的管理、核心技术的控制和分包商的规划等。产业链的上、中、下游科学配置，不存在资源的垄断和不合理控制，不受制于他人，不会产生链条断裂的脆弱点。这与产业科技创新在本质上有同样的诉求。

## 六、数字经济

数字经济作为一个内涵比较宽泛的概念，凡是直接或间接利用数据来引导资源发挥作用，推动生产力发展的经济形态都可以纳入其范畴。在技术层面，包括大数据、云计算、物联网、区块链、人工智能、5G通信等新兴技术。在应用层面，"新零售""新制造"等都是其典型代表。经济合作与发展组织OECD提出，数字经济生态系统包括：①物联网，包括可以通过互联网改变状态的设备和对象，这些设备是提供大数据分析的关键数据来源；②大数据，是一套用于处理和解释大量数据的技术和工具，这些数据是由内容日益数字化、对人类活动具有更强检测能力的物联网的传播产生的；③人工智能，可以被理解为执行类似人类认知功能的机器；④区块链，是一种去中心化和非中介化的技术，可以促进经济交易和对等交互。在为中国经济发展提供了新的机遇的同时，数字经济也对现有的经济理论、测度体系、监管框架和制度环境提出挑战。中国信息通信研究院发布的《中国数字经济发展白皮书》显示，数字经济在逆势中加速腾飞，2020年我国数字经济规模达到39.2万亿元，较上年增加3.3万亿元，占GDP比重为38.6%，占比同比提升2.4个百分点，有效支撑疫情防控和经济社会发展。

随着新一轮科技革命和产业变革的持续推进，叠加疫情因素影响，数字经济已成为当前最具活力、最具创新力、辐射最广泛的经济形态，成为国民经济的核心增长极之一。《中国数字经济发展白皮书》指出，数字经济在国民经济中的地位愈发突出，2002年至2020年我国数字经济占GDP比重由10.0%提升至38.6%。

随着新一代信息技术的发展，制造业成为数字经济主战场，制造业创新生态正在加快形成，智能制造、网络化协同制造、个性化定制制造和服务型制造等新模式不断涌现。2017年，国务院总理李克强在《政府工作报告》中明确了促进数字经济加快成长的基本要求，这是数字经济首次被写入政府工作报告，既是对近年来以互联网为核心的新兴商业模式的肯定，也是对中国经济未来发展模式的一种新的探索。持续深化信息化与工业化融合发展，是党中央、国务院作出的重大战略部署，是新发展阶段制造业数字化、网络化、智能化发展的必由之路，是数字时代建设制造强国、网络强国和数字中国的扣合点。

2022年1月16日出版的第2期《求是》杂志发表习总书记的重要文章《不断做强做优做大我国数字经济》。文章强调，近年来，数字经济发展速度之快、辐射范围之广、影响程度之深前所未有，正在成为重组全球要素资源、重塑全球经济结构、改变全球竞争格局的关键力量。面向未来，我们要站在统筹中华民族伟大复兴战略全局和世界百年未有之大变局的高度，统筹国内国际两个大局、发展安全两件大事，充分发挥海量数据和丰富应用场景优势，促进数字技术和实体经济深度融合，赋能传统产业转型升级，催生新产业新业态新模式，不断做强做优做大我国数字经济。

山西大数据起步建设晚，与先进地区差距明显，暂处于全国第三梯队。但纵向来看，山西具备区位适中、能源充足、电价优惠、气候冷凉等方面的资源禀赋，拥有大数据统筹发展制度优势、数字化转型广阔市场空间优势和特色数字产业发展基础优势，有利于加快数据资源汇聚、开发、应用的链式发展和集群式创新，形成大数据发展应用新的"加速度"，在全国发展格局中实现从跟跑到并跑，乃至部分领跑的跨越升级。2019年8月出台的《山西省加快推进数字经济发展的实施意见》和《山西省加快推进数字经济发展的若干政策》贯彻落实"网络强国"战略部署，紧抓新一代信息技术创新发展契机，围绕"网、智、数、器、芯"五大领域，统筹布局全省数字经济发展体系，大力培育数字化产业，着力推进新技术、新模式、新业态与实体经济深度融合，加快"数字山西"建设，以数字化推动智能化，以智能化培育新动能，以新动能促进新发展。

在"碳达峰、碳中和"（以下简称"双碳"）上升为国家战略的背景下，山西作为全国唯一的"全省域、全方位、系统性"综合改革试验区，以大数据发展应用为引领，加快资源依赖型、粗放式、低端化发展方式向数据驱动型、创新引领型、高端精细化发展方式转变，打造资源型地区转型"山西样板"，是我省的重要使命。目前山西在用、在建数据中心设计标准机架达到37.78万架，比2020年同期增长61.7%。据中国信息通信研究院测算，山西数据中心发展总指数继续提升至全国第七位。百度公司在综改示范区建立了全国最大的单体标注基地。精英数智、罗克佳华、全球蛙、快成物流等一批本土企业快速壮大，数字化产品和平台涵盖了能源、环保、零售、物流等各个行业领域。山西数据流量生态园于2020年10月落地，园区以数据流量这一新型生产要素为切入点，以市场化产业化的创新运营模式，带动全国数据流量资源向山西跨区域集聚，吸引数字物流、数字电商、数字能源等数字经济企业群体持续落地，目前已有超70家数字经济企业入园。在数字产业形成集群基础上，依托海量多维的数据资源优势，与本地实体经济深度融合，带动传统产业向数字化纵深发展，为传统行业转型发展蓄势赋能。

## 第二节　零售业与制造业互动发展

推动产业共融战略是转型的重要手段。依托智慧城市建设的大力开展，优化营商环境，城乡共赢，"一、三"产业，"一、二"产业和"二、三"产业都可以寻求新的共融发展模式。产业共融主要是从供应链角度出发，借助现代信息技术，客户需求渗透到全产业链条中，最终可以快速适应市场，实现销售增长，多方共赢。我国的社会消费品零售总额一直保持在两位数的增长，已经连续9年高于GDP的增速。与此同时，我们的消费已经连续3年成为拉动经济增长的第一动力，零售业在国民经济当中的地位和作用得到进一步提升。随着互联网、大数据、人工智能与实体经济融合程度逐渐加深，新技术和新商业模式加速向各行各业渗透，生产、流通、消费融合发展和协同创新的格局越趋明显，线上渠道与线下渠道、制造企业与零售企业不再是完全零和博弈的对立方，彼此之间的关系更加复杂多样。基于大数据的制造业与零售业融合发展将契合这一发展趋势，借助对消费需求大数据的深入分析，新零售业态有助于实现党的十九大报告提出的"增强消费对经济发展的基础性作用"，新制造模式则有助于推动我国制造业逐步迈向全球价值链的中高端，二者的融合发展将推动我国产业价值链重构，提升市场交易效率和企业生产组织效率，并在中高端消费领域培育新增长点，成为未来一段时期推动经济发展的巨大新动能，亦是供给侧结构性改革深入推进的新支点。

## 一、流通企业供应链联盟对价值链创新的路径驱动

### (一)理论分析

为转变国内粗放型经济发展方式,我国着力创新流通组织模式,强化流通体制改革,促使流通业逐步成为拉动国民增长的重要引擎。此背景下,一些大型流通企业积极整合价值链活动,逐步形成以流通企业为主导的供应链联盟,并取得良好发展成效。据央视网公布的数据,全国社会物流总额在2020年超过300万亿元,较上年同期增长3.5%;在全国GDP总额中,社会物流总费用占比达14.7%。为有效降低流通成本,提升流通产业运行效率,我国积极探索流通行业降低成本方式。2020年,我国相继出台《关于进一步降低物流成本的实施意见》《关于做好2020年降成本重点工作的通知》等政策,提出构建"通道+枢纽+网络"的流通运行体系。从实际运行效果来看,流通企业供应链联盟可有效降低物流成本、打造差异化产品,实现供应链各环节价值增值,进而驱动价值链创新。

理论上说,价值链外部活动协调与内部活动优化对企业组织结构具有显著影响。随着价值链分工日益深化,价值链创新逐渐由最初企业内单部门活动延伸到多部门协作,又从单个企业活动扩展到企业之间价值链活动合作(徐可等,2015)。由此,企业之间围绕价值创造所构成的合作关系将会影响价值链运营绩效,即价值链创新活动。随着消费革命兴起,学者对于供应链联盟组织与价值链创新的关注日益提升。张晓磊(2020)研究发现,以流通企业为主导的供应链联盟受信息共享质量、组织协作以及成员信任等因素影响最为显著。在供应链联盟中,流通企业参与程度会显著影响产品质量、生产效率等

绩效指标。龚雪（2015）提出，作为流通组织扩展边界的网络组织，流通企业供应链联盟可缓和产销矛盾，扩大市场交换，实现风险共担。周业付（2019）认为，流通企业供应链联盟中各成员企业之间的信任对于联盟盈利性与稳定性具有显著影响。丁宁（2014）基于渠道转化比较视角，深入研究流通供应链联盟运营的内在机理，结果表明，供应链联盟中激励相容的利益分配方式能够有效提升供应链价值创造。

着力发展以流通企业为主导的供应链联盟，不仅是现代化流通体系建构的抓手，也是实现供给侧结构性改革的重要途径。当前，关于供应链联盟产生与驱动因素的研究成果较为丰富，但鲜有文献从实证角度对流通企业供应链联盟驱动价值链创新进行研究。流通企业供应链联盟能够克服价值链中销售与生产环节存在的时空矛盾，促进价值链营销方式创新，强化价值链核心环节竞争优势，提高价值链治理效率，实现价值链规模经济，最终驱动价值链创新。

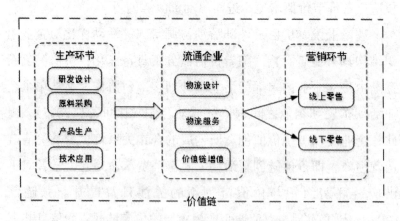

图3-2　流通企业主导的供应链模式

（1）实现价值链规模经济

相比于单个企业，供应链联盟具有较强的综合能力与整体性优势，在成本、数量等方面更容易形成范围经济或规模经济。以采购联盟为例，在对成员所需产品进行统一采购时，巨大的采购数量优势往往比单个企业采购所获得的价格优惠更大，即采购成本更低。本质而言，这种低采购成本就是一种规模经济。同样，流通企业供应链联盟也具备明显的发展范围经济与规模经济的优势。就企业物流配送环节而言，流通企业供应链联盟共建配送中心，能够优化并充分利用各成员企业的物流资源，物流业务总成本远低于独立物流业务的成本之和（隋博文，2017）。实际来说，这种低成本优势就属于"1+1>2"规模经济效应。现今，这种规模经济效应在原材料流通与储存、零配件生产与配送等环节尤为显著。除此之外，在开展多种经济活动的供应链成员企业中，流通企业供应链联盟能够借助经济活动之间的关联性与产品价值实现特定的范围经济。例如，专门应用于某一供应链环节的资源投入同样能够带动其他环节实现价值增值。

（2）促进价值链营销方式创新

流通企业供应链联盟广泛应用于现代信息技术，能够有效提升供应链整体效率，同时也可促进供应链流程创新、营销活动变革与价值链设计。例如，商家主动将视频带货、直播、微信等新型营销手段应用于产品的营销宣传，极大增强营销效果；网上商城消费者评价能够促使商家在短时间内获得消费者基本消费信息，进而对市场需求变化趋势与消费者偏好作出判断与预测。整体而言，新型营销手段能够有效增强产品营销效果，也可以有效控制产品宣传成本。并且，流通企业供应链联盟为进一步提升市场竞争优势、丰富营销活动内容，会不断优化、整合各成员企业营销方案，以更好适应多元化消费市场需求。营销方案的整合，必然会促进供应链各环节的调整，进而带动价值链创新。

（3）强化价值链核心环节竞争优势

全球经济一体化背景下，市场竞争已经不仅仅局限于企业之间单独较量，而是逐渐转变为由供应链各节点企业组成的联盟之间的整体竞争。相比于制造企业主导的供应链联盟，由流通企业主导的供应链联盟能够更加充分发挥链上各成员的竞争优势，继而提升供应链关键环节价值。具体而言，流通企业是连接产销两端的枢纽，更易于构建供应链联盟，协调各节点资源，充分发挥企业自身优势，最终实现价值增值。与此同时，流通企业可借助信息技术、营销手段与品牌等方式，进一步提升供应链联盟各成员企业核心环节的价值与竞争优势。如零售企业利用礼品赠送、返利、折扣等促销方式刺激消费者消费行为和购物欲望，在实现产品快速流通的同时，有效降低上游制造企业的库存风险。

（4）提高价值链治理效率

在搭建供应链联盟时，为更好维护共同利益，约束成员企业行为，企业之间通常会签订合作契约或联盟协议。但在实际动态博弈过程中，上述协议于部分企业而言并无实际约束效果。以流通企业为主导的供应链联盟同样也需要签订类似协议或契约，且协议约束力更强。一方面，流通企业供应链联盟属于一种虚拟动态网络组织，主要以一对多形式签订契约，即流通企业与其他成员分别签订联盟契约，而非普通成员之间多对多形式签订契约。这种一对多签约方式不仅能够凸显流通企业在供应链中的主体地位，还能强化流通企业对供应链整体的约束力。当某一链上成员出现违约情况时，流通企业无须经过其他成员表决，可直接与违约企业解除协议，终止联盟关系。另一方面，流通企业借助自身较强信息获取能力、市场覆盖率以及渠道资源等优势，有效带动其他供应链成员快速发展，同时也对各成员形成纵向约束。从某种意义而言，流通企业供应链联盟在很大程度上提升了价值链治理效率。

（二）实证分析

被解释变量：以价值链绩效来衡量价值链创新，考虑到数据的可获取性，选取价值链节点准时交货率作为衡量指标。该数值越大，说明各节点流通企业在优化整合资源的基础上，利用信息技术和营销手段等多元化方式，越能实现价值链创新与核心环节价值增值。

解释变量：流通企业供应链联盟对价值链创新具有显著影响，这主要体现在内部、外部两个层面。从流通企业供应链联盟外部环境来看，尽管联盟成员企业技术和工业结构等外部环境对价值链创新有着一定的影响，但这种影响效应更为间接且不够显著。就流通企业供应链联盟内部结构来看，联盟成员企业的交流与沟通能力、信息资源共享能力、合作伙伴挑选能力对价值链创新具有正向促进作用。因此，在参考借鉴魏婷（2018）做法的基础上，为更加全面、科学地衡量流通企业供应链联盟能力，构建由成员选择能力、管理协调能力以及信息资源共享能力组成的流通企业供应链联盟能力评价体系。其中，以信息传递及时率来衡量信息资源共享能力，以市场风险应对水平来衡量管理协调能力，以平均下游节点满意度来衡量成员选择能力（见表3-3）。

表3-3　流通企业供应链联盟能力指标评价体系

| 系统层 | 一级指标 | 二级指标 | 符号代码 |
|---|---|---|---|
| 流通企业供应链联盟能力指标评价体系 | 成员选择能力 | 平均下游节点满意度 | SAT |
| | 管理协调能力 | 市场风险应对水平 | MCA |
| | 信息资源共享能力 | 信息传递及时率 | IRS |

针对前面所述的价值链节点准时交货率、成员选择能力、管理协调能力等变量,在测量量表设计过程中设置26个题项。同时,借助李克特7级测量法,将相关变量的问项评价划分为7个等级,对1～7级赋予不同分值。在本次调查中,综合运用发放电子问卷、线下拦截方式,于2020年5月至9月,对深圳、广州、武汉以及杭州四地的流通企业共计发放330份调查问卷,回收305份,有效问卷数为289份,有效回收率达到近94.8%。就此次问卷调查对象而言,男女比例分别达到53.3%、46.7%;年龄在30岁及以上、30岁以下的调研对象所占比例分别为35.3%、64.7%。就调查对象的管理层级而言,企业管理人员样本数为65份,在回收有效问卷总数中所占比例为22.5%;中层管理人员样本数、高层管理人员样本数分别为139份、85份,在调查样本总数中占比分别达到48.1%、29.4%。整体而言,参与本次问卷调查的调研对象在流通企业中有着较高的参与度,因而对于流通企业联盟具有较深的认知与了解,符合研究要求。

单位检验主要是指对数据平稳性进行检验的标准方法。一方面,若研究数据属于平稳序列,则表明可开展实证分析(胡昇平,2020)。另一方面,如果研究数据呈现出不平稳状态,需要对其进行差分。文章借助eviews8.0对相关研究变量开展平稳性检验，具体模型输出结果详见表3-4。如结果可以知悉，价值链绩效（DL）、平均下游节点满意度（SAT）、市场风险应对水平（MCA）、信息传递及时率（IRS）均拒绝存在单位根的假设，这意味着研究变量数据均不存在单位根，数据都属于平稳序列，可开展实证分析。

表3-4　ADF检验结果

| 变量 | 检验类型 | ADF临界值 | T值 | P值 | 结论 |
|------|---------|-----------|------|------|------|
| DL | 有常数项,无趋势项 | −3.5264 | 3.2473 | 0.0028 | 平稳 |
| SAT | 有常数项,无趋势项 | −4.9057 | −2.3912 | 0.0016 | 平稳 |
| MCA | 有常数项,无趋势项 | −3.3715 | 4.2672 | 0.0037 | 平稳 |
| IRS | 有常数项,无趋势项 | −4.6571 | −3.6615 | 0.0000 | 平稳 |

　　为有效检验某一研究变量滞后性是否会对另一研究变量当期值产生影响，运用格兰杰因果检验。若检验结果较为显著，表明存在影响；而检验结果不显著，则表明某一研究变量滞后性对另一研究变量当期值不存在影响。由格兰杰因果检验结果能够看出，在滞后1期、滞后2期前提下，流通企业供应链联盟发展是价值链绩效提升的原因，而价值链绩效提升不是流通企业供应链联盟发展的原因。就滞后3期来看，流通企业供应链联盟发展与价值链绩效提升之间具有长期稳定关系，两者具有双向因果关系。一方面，流通企业供应链联盟发展能够克服价值链时空矛盾，有效驱动价值链创新；另一方面，价值链绩效提升亦能够充分发挥联盟成员企业的核心能力，进而提升流通企业的整体竞争力。

表3-5　格兰杰因果检验结果

| 假　　　设 | 滞后阶数 | P值 | F值 | 结论 |
|---|---|---|---|---|
| 流通企业供应链联盟发展不是价值链绩效提升的原因 | 1 | 4.0382 | 0.1025 | 拒绝 |
| 价值链绩效提升不是流通企业供应链联盟发展的原因 | 1 | 0.4126 | 0.5027 | 接受 |
| 流通企业供应链联盟发展不是价值链绩效提升的原因 | 2 | 10.5374 | 0.0014 | 拒绝 |
| 价值链绩效提升不是流通企业供应链联盟发展的原因 | 2 | 1.6273 | 0.3558 | 接受 |
| 流通企业供应链联盟发展不是价值链绩效提升的原因 | 3 | 5.6392 | 0.0386 | 拒绝 |
| 价值链绩效提升不是流通企业供应链联盟发展的原因 | 3 | 4.0267 | 0.0341 | 拒绝 |

　　为更好地分析相关变量之间的因果关系，本文运用回归分析来探究流通企业供应链联盟对价值链创新的影响。在将价值链绩效（DL）作为被解释变量，平均下游节点满意度（SAT）、市场风险应对水平（MCA）以及信息传递及时率（IRS）作为核心解释变量的基础上，构建如下回归模型：

$$DL=\alpha+\beta_1 SAT+\beta_2 MCA+\beta_3 IRS+\varepsilon \quad （1）$$

　　式（1）中，$\alpha$、$\beta$、$\varepsilon$分别代表常数项、回归系数及随机扰动项，回归分析结果详见表3-6。由表3-6数据能够知悉，平均下游节点满意度的回归系数为0.124，显著性水平p=0.016，这表明成员选择能力对价值链绩效提升具有显著驱动作用；市场风险应对水平、信息传递及时率回归系数均为正，分别为0.268、0.337，显著性水平分别为p=0.005、p=0.529，表明联盟成员企业的管理协调能力、信息资源共享能力对价值链绩效提升均呈现显著正向影响。一方面，流通企业供应链联盟基于协调控制机制的不断完善，适时优化与调整利益分配方案，对成员企业之间的经济利益关系进行协调，有助于最大限度提升流通商的组织竞争优势以及整体市场竞争力。另一方面，流通商在成立流通企业供应链联盟的基础上，通过各种渠道的定期沟通与交流实现信息资源共享，以此更好地契合客户的差异化需求，进一步提升自身的价值链快速反应能力，从而加快驱动价值链创新。

表3-6　模型回归输出结果

| 变量 | 标准化系数 | 未标准化系数 | | t | 显著性 |
|---|---|---|---|---|---|
| | Beta | B | 标准误差 | | |
| （常量） | | 0.795 | 0.268 | 3.082 | 0.004 |
| SAT | 0.142 | 0.124 | 0.057 | 2.167 | 0.016 |
| MCA | 0.275 | 0.268 | 0.051 | 3.941 | 0.005 |
| IRS | 0.406 | 0.337 | 0.064 | 2.385 | 0.529 |

（三）结论与建议

从理论、实证两个层面出发，检验流通企业供应链联盟对价值链创新的影响，经过实证检验得到以下研究结论：一是流通企业供应链联盟能够显著驱动价值链创新。就理论层面而言，流通商通过组建战略联盟的方式，不仅可以促进价值链营销方式创新，持续扩大规模经济，还可以增强价值链核心环节竞争优势，逐步实现价值链治理效率的不断提升。总体而言，尽管流通企业供应链联盟不是价值链创新的决定性因素，但其依然是价值链创新的关键影响要素。就实证检验层面而言，平均下游节点满意度、市场风险应对水平、信息传递及时率回归系数分别为0.124、0.268、0.337，且均呈现显著，这表明成员选择能力、管理协调能力、信息资源共享能力对价值链绩效提升具有显著正向效应。二是价值链创新能够反作用于流通企业供应链联盟。在理论层面，价值链创新在降低单位活动成本和物流成本的基础上，有助于充分发挥成员企业的核心能力，进而提高流通企业的整体竞争力。在格兰杰因果检验中，价值链创新是流通企业供应链联盟发展的重要影响因素。三是流通企业供应链联盟能力提升与价值链创新之间具有长期稳定关系，两者间存在双向因果关系。以流通企业为主导的战略联盟与价值链创新是互相驱动、互相作用的关系。流通企业供应链联盟在促进价值链创新的同时，价值链创新亦会反作用于流通企业供应链联盟发展。立足上述结论，提出以下政策建议：

第一，有效应用现代科技。在当前市场环境下，现代技术的应用成为企业获取市场竞争优势的关键手段，于流通企业供应链联盟而言同样如此。流通企业供应链联盟通过物联网、区块链、大数据等现代技术的应用，不仅能够实现链上信息共享，快速获取市场信息，还可有效提升供应链管理与运行效能。首先，企业可依托大数据技术，深入挖掘客户消费信息，对消费市场需求进行科学预测，及时掌握消费需求变化情况。其次，流通企业供应链联盟可依托云计算、物联网等新技术构建成员企业之间的信息互联系统，降低信息不对称。最后，利用区块链技术搭建产品流通可追溯系统，提升供应链联盟交易可追溯性与市场需求可预见性，最终促进价值链创新。

第二，搭建合理利益分配机制。供应链联盟的成员企业之间存在合作与竞争关系。占据主导地位的流通企业借助自身渠道与信息等资源优势，为链上企业创造更多利润，促使价值链增值。但同时，诸如租金型盈利模式等利益分配不平等情况也会影响供应链联盟运行稳定性。因此，流通企业需适当调整利益分配方式，并根据实际情况不断优化，以打造相对合理公平的利益分配机制，有效协调联盟成员之间的利益关系，不断强化成员间合作共赢意识，维护供应链长期稳定运行。通过合理的利益分配机制充分发挥供应链联盟整体竞争优势与优势互补效应，继而驱动流通价值链创新。

第三，发挥流通企业主导作用。首先，流通企业可利用自身信息与渠道等资源优势，对供应链进行全面整合，提升联盟凝聚力。以供应链发展方案设计为例，在整体方案设计基础上，需根据具体环节形成段落式、模块化设计方案，如采购方案。其次，强化供应链管理，针对不同环节采取相应管理方式，提升供应链各环节运行效率，驱动价值链创新。最后，关注市场需求变动，实施动态管理模式。通过管理与创新，有效发挥成员企业核心优势，提升各环节效率，降低产品在生产端与消费端之间的流通时间，实现整体效益最大化。

### 二、数字经济发展的零售技术创新

以国内大循环为主体，国际国内相互促进的"双循环"新发展格局是后疫情时代我国经济高质量发展的重要手段，"双循环"主要聚焦于国内国外消费渠道的畅通。零售业作为我国商贸流通经济的重要组成部分，在国民经济发展中占据重要地位，更是我国居民消费的重要体现，必然与"双循环"密切相关。受新冠肺炎疫情影响，人口流动、快递物流等渠道受阻，导致我国零售业受到较为严重的冲击，零售业如何实现快速回暖并保持可持续发展成为我国"双循环"新发展格局得以顺利实现的重要保障。以电子商务为代表的数字经济的快速发展对传统线下零售发展起到倒逼作用,使得传统零售业纷纷从产品、技术、渠道上进行变革,以满足零售创新发展需求。

事实上,零售业创新发展受企业债务融资情况、营销理念和经营战略等多重因素的共同影响,然而从本质上来看,技术创新是长期扮演零售业态升级的核心驱动力,数字经济发展所引领的数字技术创新为之提供了重要支撑。王晓娟(2020)基于新零售时代下顾客消费的需求变化和购物行为调整,提出新的企业营销策略的制定应充分依托数字经济和数字经济所提供的信息记录和反馈;王伟(2019)进一步指出,新零售的本质是"人、货、场"关系的重构,而数字经济作为连接三者的基本桥梁,其作用价值愈发凸显。基于阿里巴巴的网络营销案例,王淑翠等(2020)提出数字经济发展下数字技术的广泛应用使得传统的消费模式和营销理念发展转变,消费者、产品供应者以及消费场景等内容均得以重构,而新型的线上模式则将成为零售业发展的重要形态;杨永芳等(2020)则认为得益于数字经济的支持和数字经济的平台服务,资金流、信息流和商流的深度融合逐渐实现,大数据分析系统使得消费资源的调配更加及时与合理,零售业发展的数字化转型得以稳步推进。在此基础上,亦有部分学者从智能化服务、智能运输以及智能社区管理等多方面的变革讨论数字经济发展对于零售业态升级的作用。

既有研究针对数字经济与零售业态转型进行了较为丰富的讨论,但对数字经济与零售技术创新的内在关联尚未给予足够的关注,普遍忽略了数字经济作用于零售技术创新的路径分析和异质特征分析。此外,忽略变量间的双向因果关系能够引致内生性问题，从而使得估计结果出现偏误，然而多数研究中所采用的研究方法却难以有效克服潜在的内生性问题。基于上述分析，本书主要从以下几个方面进行拓展：①关注数字经济发展影响零售技术创新的内在机制，并重点检验零售渠道变迁、产业结构升级和消费升级等作用路径；②构建动态面板模型实证考察数字经济发展与零售技术创新的相关性，并检验其多维度的异质特征；③创新性采用杭州到各城市的球面距离作为工具变量，采用两阶段最小二乘法（2SLS）进行内生性分析。

　　基于前文数字经济发展影响零售技术创新的机制分析，本文建立固定效应面板模型对二者的相关性进行考察。考虑到零售技术创新在时间维度上可能存在时间滞后效应，本文同时将零售技术创新的一期滞后项纳入考量，构建如下模型：

$$LS_{it}=\beta_0+\beta_1 LS_{it-1}+\beta_2 IE_{it}+\beta_3 X_{it}+\mu_i+\varepsilon_{it} \qquad (1)$$

　　上式中，$i$表示城市，$t$表示年份；$\beta_0$表示常数项，$\beta_1$—$\beta_3$表示待估系数；$LS_{it}$表示零售技术创新水平，$LS_{it-1}$表示零售技术创新的滞后项；$IE_{it}$表示数字经济发展水平；$\mu_{it}$表示个体固定效应，$\varepsilon_{it}$表示随机扰动项。考虑到影响零售技术创新的因素众多，本文引入人均收入水平 DP（G）（采用居民人均可支配收入衡量）、金融发展水平（FI）（采用地区存贷款余额占 GDP 比重衡量）、城镇化水平（UB）（采用城镇人口占总人口比重衡量）和交通基础设施水平衡量（ROAD）（公路里程数与铁路里程数之和）。

　　本书选取我国 276 个地级市 2011—2018 年面板数据作为研究样本，相关数据主要来源于《中国城市统计年鉴》《中国连锁行业零售数据统计》和《中国零售业发展报告》等。为降低数据的离散程度和非平稳性特征，本文对部分指标取自然对数。另外，部分缺失数据本书主要采用插值法补充完整。相关变量说明如下：

被解释变量：零售技术创新水平。

参考黄蓉（2021）的做法，从零售外向度（LSWXD）、零售渠道（LSQD）、连锁经营（LSLS）和网络零售（LSWL）四个维度对零售技术创新水平（LS）进行测度。其中，零售外向度由零售商品进出口和零售业外资利用情况构成；零售渠道主要受到零售商品库存量、货运水平和货运周转量的影响，合理的库存量对于维持零售业发展平衡具有重要意义，库存能够缓解市场非正常波动带来的需求上升和供给不足问题，能够较好反映市场情况，而货运周转量能反映零售业周转效率，反映出渠道效率；连锁经营是零售业经营的重要模式，是促进零售业发展的重要技术创新手段之一，通过连锁经营能够扩大零售业市场份额，提升零售业市场竞争力，连锁经营可以通过零售业连锁经营指数反映；互联网技术的发展促进零售业由线下向线上转型升级，网络购物实现了互联网、物流服务和零售业的融合，因此网络零售是零售业技术创新的重要表现。为简化计算，对上述子指标均赋予相同的权重，进而基于主成分分析法得到我国城市层面整体的零售技术创新水平。

核心解释变量：数字经济发展。

既有研究中普遍采用互联网发展水平作为数字经济发展的代理指标，却忽略了数字经济以网络交易和数字金融为内核的本质，导致其经济特征体现不够充分。本书参考赵涛等（2020）的做法，从互联网推广应用和普惠金融发展双重维度构建数字经济发展评估指标体系（表3-7）并就城市层面进行测度。具体地，互联网发展的子指标包括互联网产业产出（人均电信业务量）、互联网产业就业（计算机从业人员就业比重）、互联网普及率（网民规模）以及移动通信覆盖率（每百人移动电话拥有量）；普惠金融则采用北京大学数字金融研究中心和蚂蚁金服集团共同编制的数字普惠金融指数，涵盖覆盖广度（电子账户覆盖率）、使用深度（支付、征信、保险、投资和信贷等业务）和数字支持服务（金融服务的便捷程度与成本）。通过主成分分析法以及降维处理等可以得到城市层面的数字经济发展指数。

表3-7　数字经济发展评估指标体系

| | 一级指标 | 二级指标 |
|---|---|---|
| 互联网发展 | 互联网产业产出 | 人均电信业务量 |
| | 互联网产业就业 | 计算机从业人员就业比重 |
| | 互联网普及率 | 计算机服务和软件业从业人员占比 |
| | 移动通信覆盖率 | 每百人互联网宽带接入用户数量 |
| 普惠金融指数 | 电子账户覆盖率 | 支付宝账号数量、绑卡用户比例及绑定银行卡数等 |
| | 支付、征信、保险、投资和信贷等业务 | 人均支付人数、笔数和金额；贷款人数、笔数和金额；保险人数、笔数和金额；投资人数、笔数和金额；征信调用次数等 |
| | 金融服务便捷程度与成本 | 移动支付笔数占比、金额占比以及个人和小微经营平均贷款利率等 |

中介变量：

消费渠道变迁程度（TDT）。考虑到居民消费渠道变迁直观表现为网络消费与实体消费此消彼长的动态变化，本书参考陆文娟（2020）的做法，以网络零售业销售总额与传统零售业销售总额的比值来衡量消费渠道变迁程度。

消费升级（CC）。采用除食品服饰等生存型消费之外的消费支出占居民总消费支出的比重来反映消费升级。考虑到2013年后我国所公布的全体居民消费支出数据的统计口径有所调整，本文通过计算2013年前后城乡居民消费支出的均值得到居民整体消费支出水平。

产业结构升级（IS）。采用结构层次系数（TL）所测度的产业转型速度对产业结构升级予以表征，计算方法如下：将三次产业由高层次到低层次进行排序，$\theta i$ 为对应产业的权重，$qi$ 为各产业增加值占GDP的比重，则产业结构层次系数可以表示为：

$$TL= \sum_{i=1}^{n} \theta iq\,(i) \qquad (2)$$

对于三次产业的排序，学者们认为，三次产业最终会形成"三二一"的产业结构，其内在原因在于，第一产业的比重会随着经济发展而逐渐降低，第二产业的比重先上升后下降，第三产业的比重则对应持续上升。因此，可以依次向三次产业赋予"3、2、1"的权重，由此可得到各个城市的产业转型速度。

创新创业水平（CR）。采用北京大学国家发展研究院与龙信数据研究院联合开发公布的中国城市层面"双创"（创新创业）指数对创新水平予以表征。这一双创指数采用企业大数据库的全量数据，综合新建企业、外来投资笔数、vcpe投资数目、发明专利授权数目、实用新型专利公开数目、外观专利公开数目以及商标授权数目等多维度对城市创新能力进行赋分，评估结果相对客观真实。

工具变量：各城市到杭州的球面距离。

考虑到数字经济发展与零售技术创新之间具有潜在的内生性问题，利用地理信息系统（GIS）所计算得到各城市到杭州的球面距离。以支付宝为代表的数字金融的发展起源于杭州，因此杭州的数字金融发展处于领先位置，可以预期，在地理上距离杭州越近，数字金融的发展程度应越好。

表3-8汇报了数字经济发展影响零售技术创新的2SLS估计结果和GMM估计结果。作为对比，同时列出OLS和固定效应面板分析结果。不难看出，零售技术创新在时间维度上存在显著的时间滞后效应。数字经济发展能够显著促增零售技术创新，即数字经济发展提升1%，则零售技术创新水平提升0.3544%。同时，在克服内生性问题后，估计结果仍保持稳健，从而能够有效证明，数据经济发展一方面能够有效带动数字技术的革新，从而为零售业创新提供技术支持，另一方面则有助于数字管理与零售业经营的融合，以大数据服务平台推动业态升级。从其他控制变量的估计结果来看，收入水平的提升和金融发展对于零售技术创新具有显著的正向驱动作用。一方面，收入水平能够通过需求扩张效应影响零售业业态升级，另一方面，金融发展则为零售业态升级和技术创新提供坚强的资金支持。类似的，交通基础设施建设亦有助于零售技术创新，而城市化推进的估计系数虽然为正，但目前来看并不显著，这意味着其零售技术创新效应尚未得到有效发挥。

表3-8　基准回归分析结果

| | OLS | FE | 2SLS | GMM |
|---|---|---|---|---|
| Lag.LS | | | | 0.1442***<br>(3.88) |
| IE | 1.1596**<br>(2.03) | 0.3105***<br>(2.81) | 0.7445***<br>(2.91) | 0.3544***<br>(12.78) |
| GDP | 0.2683*<br>(1.84) | 0.1533***<br>(2.87) | 0.1326**<br>(2.13) | 0.0107***<br>(3.87) |
| FI | 0.2615***<br>(3.17) | 0.1748***<br>(3.06) | 0.5315***<br>(7.35) | 0.2662***<br>(4.36) |
| UB | 0.1880<br>(0.53) | 0.0224<br>(0.88) | 0.1143<br>(0.52) | 0.0036<br>(0.71) |
| ROAD | 0.7507***<br>(4.02) | 0.1431**<br>(1.99) | 0.3731***<br>(3.09) | 0.0054**<br>(2.02) |
| AR(2) | | | | 0.60[0.55] |
| Sargan | | | | 263.15[0.34] |
| 固定效应 | YES | YES | YES | YES |

注：***、**和*分别表示在1%、5%和10%的显著性水平下通过检验

　　具体考察数字经济发展对于不同维度的零售技术创新的影响，结果如表3-9所示。整体来看，数字经济发展对于多维度的零售技术创新具有正向驱动效应，其中，对于零售外向度、零售渠道拓展和网络零售的影响均显著为正，然而，数字经济发展对于零售连锁经营的估计系数虽然同样为正，但并未能通过显著性检验，从而证明数字经济发展对于零售业连锁经营的促增效应尚未得到有效发挥。不难理解，数字经济发展显著强化传统零售业与网络经济的相互融合，从而使得零售业的网络经营门槛降低，参与度提升。与此同时，"线上-线下联合经营"这一零售业态的转型升级无疑大大增强了零售业发展活

力，使其经销渠道、运输渠道以及服务渠道等大大拓宽，从而推动相关维度的技术创新。

表3-9 数字经济发展的多维度零售技术创新效应

|  | LSWXD | LSQD | LSLS | LSWL |
|---|---|---|---|---|
| Lag.LS | 0.1572*<br>（1.75） | 0.0594***<br>（2.65） | 0.0217**<br>（2.06） | 0.3037***<br>（5.76） |
| IE | 1.0485**<br>（2.31） | 0.2504***<br>（2.74） | 0.9184<br>（1.47） | 0.1179**<br>（2.19） |
| 控制变量 | 是 | 是 | 是 | 是 |

在前面分析的基础上，继续考察数字经济发展对于零售技术创新的影响在城市规模维度、创新能力维度和数字经济规模维度是否存在异质特征。其中，对于不同维度的层次划分均选取二等分点值作为划分依据，并依次考察数字经济发展的零售技术创新效应在不同组别中的表现，具体如表3-10所示。不难发现，在不同维度的不同群组中，数字经济发展始终表现出一致的零售技术创新效应。值得注意的是，不同维度下数字经济发展对于零售技术创新的作用强度却存在差异。从城市规模维度来看，小规模城市中数字经济发展的促增效应明显小于大规模城市，这与大城市数字经济发展规模较大、数字基础设施相对完善等密切相关；从创新能力来看，数字经济发展的促增效应随着创新能力的提升而渐趋强化。创新能力的提升一方面能够直接作用于零售技术创新，另一方面则同样能够推动数字经济的快速发展，强化数字技术与零售经营的统合。同样，随着数字经济规模的扩大，数字经济发展的促增效应也不断增加。数字经济发展对于零售技术创新具有规模经济效应，从而具有

209

零售技术创新的"普惠"特征。

表3-10　异质性分析结果

| | 小规模城市 | 中规模城市 | 大规模城市 |
|---|---|---|---|
| IE | 0.0185*** (8.09) | 0.0542*** (10.67) | 0.1179** (2.19) |
| | 低创新能力 | 中创新能力 | 高创新能力 |
| IE | 0.0003*** (11.45) | 0.0007** (2.24) | 0.0011*** (2.79) |
| | 低数字水平 | 中数字水平 | 高数字水平 |
| IE | 0.0389*** (3.13) | 0.0556** (2.08) | 0.0686* (1.83) |
| 控制变量 | 是 | 是 | 是 |

进一步地，为了有效识别数字经济发展影响零售技术创新的具体路径，本书借鉴陈诗一和陈登科（2018）的做法构建两阶段传递效应模型，考察零售渠道转型、消费升级和产业结构升级的中介效应：

第一步，检验数字经济发展对零售渠道转型、消费升级和产业结构升级的影响：

$$Chnnel_{it}=\beta 0+\beta 1 Chnnel_{it-1}+\beta 2 IE_{it}+\beta 3 X_{it}+\mu_i+\varepsilon_{it} \quad （3）$$

第二步，考察零售渠道转型、消费升级和产业结构升级与零售技术创新的关联：

$$LS_{it}=\beta 0+\beta 1 LS_{it-1}+\beta 2 Chnnel_{it}+\beta 3 X_{it}+\mu_i+\varepsilon_{it} \quad （4）$$

上式中Chnnel依次表示零售渠道转型、消费升级和产业结构升级。

结果显示，数字经济发展对于零售渠道转型、消费升级和产业结构转型均具有显著的促增作用。数字经济发展能够推动传统的线下零售模式向线上转移，同时对消费模式的多元化、消费选择的多样化和服务平台的智能化等带来深刻影响，从而推动零售渠道拓展和消费升级。而数字经济与零售业的融合发展无疑会推动以数字平台为支撑的第三产业的快速发展，从而加速产业结构升级。与此同时，零售渠道转型和产业结构升级对于零售技术创新亦具有正向驱动作用，由此可以证明数字经济发展的确能够通过上述两条路径实现零售技术创新。其创新的内在机制在于，零售渠道转型从需求端增强零售创新的压力，为满足消费者多元化的消费需求而主动创新；产业结构升级则从供给端增加零售创新的要素供给，确保零售创新获得充分支持。值得注意的是，现阶段中消费升级对于零售技术创新的正向促增作用尚不显著，因此如何强化数字经济发展与消费升级的动态关联将成为未来强化零售技术创新的重要潜在路径。

表3-11　机制分析结果

| | TDT | CC | IS | LS |
|---|---|---|---|---|
| IE | 8.9736***<br>（9.89） | 0.3566***<br>（6.44） | 2.8373***<br>（5.14） | |
| TDT | | | | 0.0336***<br>（2.54） |
| CC | | | | 0.0471<br>（1.22） |
| IS | | | | 1.6360***<br>（3.89） |
| 控制变量 | 是 | 是 | 是 | 是 |

聚焦数字经济发展与零售技术创新的现实关联，本书从零

售外向度、零售渠道、连锁经营和网络零售等维度对零售技术创新水平进行刻画，进而构建动态计量模型对二者的关系及其作用路径进行实证考察。主要得到的研究结论如下：数字经济发展整体上能够促增零售技术创新，对于零售外向度、零售渠道和网络零售均具有显著的正向驱动效应，但对于零售连锁经营的促增作用尚不显著；数字经济发展的零售技术创新效应在城市规模、创新能力和数字经济规模维度具有典型的异质特征；数字经济发展能够通过零售渠道转型和产业结构升级路径影响零售技术创新，同时消费升级亦具有潜在的路径作用。基于上述研究结论，本文提出应打造体系完善和高质量的数字化服务平台，强化数字经济与零售业发展的深度融合，对零售产业链进行全方面、多层面和深度化的数字改造，以期有效推动零售技术的真正进步。对于零售企业而言，零售技术创新进步不仅仅是技术投资的增加，同时还需要多方面措施的辅助落实，包括创新人才的组织管理创新、市场营销渠道的延伸和附加值创造以及对既有经营模式、盈利模式的重塑。

### 结语

在"十五"规划和"十一五"规划期间，依赖煤炭、钢铁等资源型产业发展起来的山西经济在近年出现了疲软状态。资源型产业转型，尤其是寻求一条可持续发展道路，成为山西经济发展的第一任务。通过多年的调研和课题科研积累，从实际情况出发，山西省的资源型产业可持续发展分为两个层次，其一是升级现有传统优势产业，最典型的就是煤炭、钢铁产业，延伸产业链；其二是推动目前尚处在发展初步阶段却具备发展前景的产业，比如，镁合金和石墨烯。

科技在可持续发展中的作用要靠企业为主力发挥，政府合理引导，全社会共同参与。科技引领，以创新为经济发展驱动力，着力点包括转变政府角色和职能、关注关键领域技术研发和应用、引进和培养相关人才以及相关企业调整发展战略等。

山西省历史悠久，资源丰富。受国家发展政策影响，老工业基础雄厚，具有传统工业技术工人、大型设备，也正是受此影响，升级速度放慢。

1. 推动山西省资源型产业转型和可持续发展的相关政策已陆续出台，政府层面和企业管理层面的转型观念初步形成，但是政策执行阶段出现了滞后性，缺乏因地制宜性。科技扶持存在重复性平台建设、专项基金不到位等问题，信息不对称严重困扰了政府和企业的全方位的交流和合作。这一问题的主要原因在于政府职能定位不够明确，处在转换期。尤其是"十三五"期间，政府的服务职能有了很大转变，但是体制和机制的改革是一个深刻的过程，需要魄力的同时还要大量的投入和时间。

以 2020 年 6 月太原市公布的人才引进公告效应为例，在网络上引来一片质疑声，这其中既有"误解"，也在某种角度上体现出积累已久的急需改变的"关系论"现象。再以课题组调研的实际案例为例，某企业有一些新型技术在填写专项扶持基金申请材料时遇到了申报困难，系统里的固定表格是按照传统企业的标准进行设计的，对于新材料、新工艺并不适合，很多必填必选项目无法填写，导致申报材料不能提交。

2. 人才发展整体落后，具体表现为：人才结构不合理，核心人才不足，产业工人短缺，培养体系和培训机制不健全。山西省高等教育综合实力相对较弱，缺少优质生源。职业教育体系不健全。农村人口学历普遍较低，观念传统，接受再培训的比重低。

近三年山西省多项人才政策出台，力度加大，但引进政策门槛相对高，流向却主要在基层和农村。人才政策执行不力和方向不明确，没有完善的体系支撑，未充分考虑实际情况。通过工业园区调研发现，煤化工行业转型所需的技术操作工人省内并没有培训技校，需要去外省招聘，增加了难度。

3. 基础性产业支撑力弱，缺乏配套产业，导致产业链出现断裂，无法产生聚集效应，缺少龙头企业的带动作用。产业集群发展程度较低，缺少水平高、配套全的国家级工业园区。企业经营方式雷同，自主创新能力薄弱，竞争力不强。以比亚迪为例，投资太原却因为缺少配套产业导致成本过高而无法长远发展，在大同投资建厂是出于石墨烯资源地的考虑，却也因为缺少配套产业体系面临发展规模受限的问题。

从定位出发，企业是核心，政府和社会是重要的辅助力量；从要素出发，在可持续发展的前提下，强调技术、人才；从结构出发，嵌入式创新和学习型组织是最主要的结构形式；从激励机制考虑，构建以效率为主的激励模式；从文化出发，以遵守制度转变为体制创新为主。据此，提出以下对策建议：

1. 转变政府职能，生态文明建设促转型

政府要彻底由"管理者"变为"服务者"。以技术为核心构建产业链，建设创新基地，培育创新型企业。既要鼓励引导当地企业，又要引进外来优秀企业；既主张自主创新，也认可协同创新，探索适合本土特色的创新道路。

关键技术攻破和资金来源是产业转型中的两大难题。具体来看，在投资周期长回报慢的基础研究领域，政府要加大资金扶持力度，构建"产学研"合作平台，引入战略联盟组织形式，企业和高校在政府政策的指导下，以市场效益为目的，开展全方位技术研发合作，本土人才研发出来的技术更具有地方特色和适应性。鼓励金融机构参与产业基金建设，主要扶持骨干企业的研发资金投入和企业大型设备建设投入，建立研发专项投资机制，骨干企业优势资产做抵押，政府方面做引导，合作模式制度化规章化。

2. 坚持以企业为主导力量，充分发挥市场的作用

企业层面主要着力于创新载体的建设，包括现代企业管理制度建设、质量保证体系建设、企业创新激励机制的建设、员工培训的强度和方向、企业信息化水平、企业创新文化的建设等。山西省国有企业数量多，资产比重大，又以煤炭产业为主，改制进程较慢。积极推进国有企业改革，引入战略投资者，通过并购、上市等方式，大力发展混合所有制，淘汰落后产能。启用有魄力有行动力有创新力的领导层，充分发扬企业家精神是国企改革的关键之举。

3. 推进产业共融战略，实现良性发展循环

依托智慧城市建设的大力开展，优化营商环境，城乡共赢，"一、三"产业，"一、二"产业和"二、三"产业都可以寻求新的共融发展模式。产业共融主要是从"供应链"角度出发，借助现代信息技术，客户需求渗透到全产业链条中，最终可以快速适应市场，实现销售增长，多方共赢。以开发园区为载体，打造特色产业，以市场需求为第一主导力量，依托大型骨干企业，打造若干个具备地方特色，利用本土优势资源，具有可持续发展前景的制造业集群，形成山西省内一批战略性新兴产业集聚区。第三产业的发展要大力配合工业结构调整，协

同发展，形成良好循环互动。

4．保持原有产业优势，输出精准服务、发现新材料

煤炭产业是国民经济的基础性产业，它的发展会影响上下游相关产业发展，比如促进发电业、交通运输业等的发展。经过多年的发展，煤炭产业相关方面已经形成了自己独有的优势：积累了大量的人才，适用的管理制度，以及广博的知识、技术等。

但是煤炭业的发展存在先天的劣势：那就是面对资源枯竭现象束手无策。之前粗放式开采显然已经不能适用，也不利于经济可持续发展，所以要探索出一条能提供精准服务的路子。

首先，利用优势可以输出服务和技术，现如今，全球化经济俨然已是不可逆转的，对于我国现有的采矿业技术，相对于落后地区来说是先进的，所以应该积极利用一带一路政策，输出相关服务和技术，换取资源。

其次，补足劣势，积极探索发现可替代的新材料、新能源，所以要在这些方面大力投入资金政策，利用优势在新材料、新能源方面占据有利地位。

5．重视新科技，适当放宽评审标准，引领产业可持续发展

产业要可持续发展，必须加大科技投入力度，尤其倾向于新技术、新材料方面的支持。但是，在申报环节申报材料都是针对传统产业的标准编制和要求的，新型产业或技术没有办法填写，使得企业没有办法享受到相关政策福利，最终导致政府的支持力度大打折扣。所以适当放宽评审标准，或者对传统产业和新型科技型产业进行分类，对于传统产业的标准仍适用于之前的，对于新型产业的申报标准适当放宽，使得资金支持有针对性，激发企业的创造性。

另外，地方税收政策有意识向科技型产业倾斜，税收法律本身对于科技型产业是有优惠政策的，但是具体企业未必能掌握最新信息，所以税务部门可以为科技型产业提供免费的税务咨询，并且帮助企业进行税收筹划，让企业积极利用税收政策获取利润，更好地发展，进一步引领相关产业同步发展。

所以，只有从标准、制度等软环境上提供支持和服务，才能发挥企业的自主能动性，不断创新，引领产业可持续发展。

## 参考文献

[1] 苏东水，苏宗伟. 产业经济学（第五版）［M］. 北京：高等教育出版社，2021.3.

[2] 迈克尔·波特. 国家竞争优势［M］. 北京：中信出版社，2012.8.

[3] 李慧. 泛长三角区域产业结构、产业集聚与梯度转移研究［D］. 合肥：合肥工业大学，2010.

[4] 迈克尔·波特. 竞争战略［M］. 北京：中信出版社，2014.8.

[5] 联合国. 可持续发展目标［R/OL］. https//www.un.org/sustainabledevelopment/zh/.

[6] 国家环保总局，国家统计局. 中国绿色国民经济核算研究报告2004［R］. 国家统计局，2006.

[7] 周敬宣. 可持续发展与生态文明［M］. 北京：化学工业出版社，2009.9.

[8] 刘志迎，李慧. 生态文明和安徽经济发展［C］. 十七大后安徽发展问题研究. 合肥：安徽人民出版社，2008.12.

[9] 童颖华，刘武根. 国内外政府职能基本理论研究综述［J］. 江西师范大学学报（哲学社会科学版）. 2007（03）：21—25.

[10] 西奥多·舒尔茨. 对人进行投资［M］. 北京：商务印书馆，2020.11.

[11] 陈国海，马海刚. 人力资源管理学［M］. 北京：清华大学出版社，2021.1.

[12] 赵曙明. 人力资源战略与规划（第5版）［M］. 北京：中国人民大学出版社，2021.8.

［13］崔彬等. 资源产业经济学［M］. 北京：中国人民大学出版社，2013.

［14］刘剑平. 我国资源型城市转型与可持续发展研究［D］. 长沙：中南大学，2007.

［15］光文亮. 山西资源型经济转型发展的路径研究［D］. 沈阳：辽宁大学，2015.

［16］陈世清. 经济领域的哥白尼革命［M］. 北京：中国时代经济出版社，1999.

［17］刘志迎，赵倩. 产业链概念、分类及形成机理研究述评［J］. 工业技术经济，2009（10）：51—55.

［18］尹华，余昊，谢庆. 基于价值链优化的制造企业智能化转型升级研究［J］. 中国科技论坛，2021（03）：113—121.

［19］高理翔，苑鹏飞. 全球价值链视角下我国制造业生产长度与产业动态调整［J］. 对外经贸，2021（03）：74—78.

［20］刘志迎. 产业链视角的中国自主创新道路研究［J］. 华东经济管理，2015（12）：7—14.

［21］苟文峰. 产业链现代化的历史演变、区域重构与人才支撑研究——以重庆为例［J］. 宏观经济研究，2021（07）：79—88.

［22］姜长云. 关于构建新型农业经营体系的思考——如何实现中国农业产业链、价值链的转型升级［J］. 人民论坛·学术前沿，2014（01）：70—78.

［23］程宏伟，冯茜颖，张永海. 资本与知识驱动的产业链整合研究——以攀钢钒钛产业链为例［J］. 中国工业经济，2008（03）：143—151.

［24］孙久文，叶裕民. 区域经济学教程（第三版）［M］.

参考文献

北京：中国人民大学出版社，2020（01）.

[25] 赵玉林，汪芳. 产业经济学：原理及案例（第五版）[M]. 北京：中国人民大学出版社，2020.8.

[26] 刘军. 中国国家历史 [M]. 北京：东方出版社，2019.6.

[27] 金碚. 科学发展观与经济增长方式转变 [J]. 中国工业经济，2006（05）：5—14.

[28] "生产要素"及其历史的演变. 知乎 [EB/OL]，www.zhuanlan.zhihu.com/p/273313462，2020.11.04.

[29] 张永恒，郝寿义. 新常态下的要素禀赋变化与区域经济增长动力转换 [J]. 江海学刊，2017（04）：60—66.

[30] 李明珊，孙晓华，孙瑞. 要素市场化、结构调整与经济效率 [J]. 管理评论，2019（05）：40—52.

[31] 屈有明. 资源型城市转型的模式、途径及政策研究 [D]. 太原：中北大学，2006.

[32] 刘剑平. 我国资源型城市转型与可持续发展研究 [D]. 长沙：中南大学，2007.

[33] 中国国际经济交流中心，美国哥伦比亚大学地球研究院，阿里研究院. 可持续发展蓝皮书：中国可持续发展评价报告（2019）[M]. 北京：社会科学文献出版社，2019.

[34] 可持续发展战略 [EB/OL]. http：//www.xinhuanet.com/politics/2019—10/29/c_1125165645.htm，2018.12.

[35] 周海林. 可持续发展原理 [M]. 北京：商务印书馆，2004.

[36] 许鹏鸿. 从满足人民美好生活需要出发全面优化产业结构 [N]. 人民日报，2018-02-12.

[37] Eberts, D., and J. E. Randall, 2010, "Producer Services, Labor Market Segmentation and Peripheral Regions: The Case of Saskatchewan", Growth & Change, 29 (4), 401—422.

[38] 唐晓华，张欣钰，李阳．中国制造业与生产性服务业动态协调发展实证研究经济．研究，2018，53（03）：79—93.

[39] 刘炯天，王一德等．资源型产业服务化转型战略[M]．北京：科学出版社，2019.9.

[40] 苏亮．产业数字化转型需要矩阵效应[N]．人民日报，2020-08-31.

[41] 产业数字化转型难在哪[EB/OL]．经济日报，中国经济网，2021-04-09.

[42] 丁志帆．数字经济驱动经济高质量发展的机制研究：一个理论分析框架[J]．现代经济探讨，2020（01）：85—92.

[43] 中共山西省委关于制定国民经济和社会发展第十四个五年规划和二〇三五年远景目标的建议[R]．太原：山西省人民政府，2021-01-01.

[44] 洪银兴．论创新驱动经济发展战略[J]．经济学家，2013（01）：5—11.

[45] 矢志自主创新实现科技自立自强[EB/OL]．中国经济网，2021-06-03.

[46] 袁望冬．对科技创新促进产业创新的哲学探析[J]．自然辩证法研究，2007（05）：88—91.

[47] 冯昭奎．科技革命发生了几次——学习习近平主席关于"新一轮科技革命"的论述[J]．世界经济与政治，2017（02）：4—24，155—156.

[48] 洪银兴. 以科技创新推动产业转型升级 [N]. 人民日报：2011-01-08.

[49] 青岛科技创新政策词典 [R]. 青岛：青岛市科技局等，2015.

[50] 项飞. 发展经济学视野中政府角色的演变与启示 [J]. 复旦学报（社会科学版），2001（02）：46—50.

[51] 刘志迎，李慧. 嵌入在产业链中的技术创新机理研究 [J]. 科学管理研究，2009，27（06）：12—15.

[52] 杜宝贵. 资源型地区转型发展的几个重要关系 [J]. 国家治理，2018（24）：15—19.

[53] 关成华，韩晶等. 绿色发展经济学 [M]. 北京：北京大学出版社，2018.3.

[54] 刘纯彬，张晨. 资源型城市绿色转型内涵的理论探讨 [J]. 中国人口·资源与环境，2009，19（05）：6—10.

[55] 中央财经委员会第九次会议报告 [R]. 北京：中央财经委员会，2021.3.

[56] 赵昌文等. 平台经济的发展与规制研究 [M]. 北京：中国发展出版社，2019.12.

[57] 贯彻落实国务院支持山西省进一步深化改革促进资源型经济转型发展意见行动计划 [R]. 太原：山西省委、省政府，2017.9.

[58] 许庆军. 走近义乌——中国小商品城探秘 [M]. 北京：中共党史出版社，2006.

[59] 中国产业园区开发商典型商业模式与设计策略分析报告 [R]. 前瞻产业研究院，2018.

[60] 王缉慈. 现代工业地理学 [M]. 北京：中国科学技

术出版社，1994.

[61] 王缉慈. 中国产业园区现象的观察与思考 [J]. 规划师，2011，27（09）：5—8.

[62] 阎立忠. 产业园区/产业地产规划、招商、运营实战 [M]. 北京：中华工商联合出版社，2015.7.

[63] 王玉祥. 产业园区开发如何实现盈利和可持续发展？[EB/OL]. 知乎，2020-10-22.

[64] 中国开发区审核公告目录 [R]. 北京：国家发展改革委等，2018.2.

[65] 综改区概况 [EB/OL]. 山西转型综合改革示范区管理委员会官网，http：//zgq.shanxi.gov.cn/.

[66] 山西省机构编制委员会办公室、太原市机构编制委员会办公室课题组. 国家综合配套改革试验区的发展模式和路径探析——以山西转型综合改革示范区为例 [J]. 经济问题，2018（11）：104—109.

[67] 王炜. 山西转型综合改革示范区中小企业发展现状的分析与思考 [J]. 科技创新与生产力，2021（08）：36—38.

[68] 刘军. 开发区精准招商的十个基本逻辑——以山西转型综合改革示范区信创产业为例 [J]. 经济师，2021（03）：98—102.

[69] 崔峥. 山西转型综合改革示范区产业发展战略研究 [J]. 科技创新与生产力，2019（12）：7—10.

[70] 力促新能源产业建设，着力打造"氢都"大同 [EB/OL]. 搜狐网·城市动态，2019.3.

[71] 刘宪芳，白旭平. 兴县：倾力打造铝镁产业新高地 [N]. 山西经济日报，2021-05-31.

[72] 太原中北高新技术产业开发区〔EB/OL〕. 山西省长三角招商网, 2021.5.

[73] 中电科（山西）电子信息科技创新产业园项目积极打造产业园"最强心脏"〔N〕. 山西日报, 2020-03-24.

[74] 李慧. 基于全链条视角的山西省资源型产业转型分析〔J〕. 商业经济, 2020（01）: 63—64, 98.

[75] 2019—2025年中国山西省煤炭行业市场深度分析及发展前景预测报告. 华经产业研究院, 2018.

[76] 陈银. 2018年中国山西煤炭资源产量及分布现状分析, 华经情报网（huaon.com）, 2019-06-12.

[77] 2018年中国山西省七大煤炭集团发展现状分析〔EB/OL〕. 产业信息网（chyxx.com）.

[78] 战彦领. 煤炭产业链演化机理与整合路径研究〔D〕. 徐州: 中国矿业大学, 2009.5.

[79] 李陈广. 陕西煤化工产业链路径选择研究〔D〕. 西安: 西安建筑科技大学, 2012.

[80] 山西要持续推进煤化工高质量发展〔N〕. 中国化工报, 2021-04-21.

[81] 车子璠等. 我国石墨烯发展现状及展望〔J〕. 中国基础科学, 2020（04）: 56—62.

[82] 中国石墨烯产业市场前景及投资机会研究报告〔R〕. 中商产业研究院, 2020.

[83] 杨曦, 余翔. 基于生命周期的石墨烯产业技术创新模式探析〔J〕. 科研管理, 2020（09）: 12—21.

[84] 中国石墨烯产业技术创新战略联盟〔EB/OL〕. http: //www.xfsmx.cn/.

［85］中国科学院山西煤炭化学研究所709课题组解决"卡脖子"难题［N］.太原日报，2021-08-30.

［86］中国的石墨烯产业发展SWOT分析［EB/OL］.宝希（北京）科技有限公司官网，2019-01-08.

［87］石墨烯产业发展推动减碳目标实现［N］.华夏日报，2021-09-19.

［88］中国铝镁合金行业发展现状及发展趋势分析［EB/OL］.中国产业调研网，https：//www.cir.cn/.

［89］齐泽萍.山西向全产业链铝工业进发［N］.山西经济日报，2018-04-19.

［90］中国镁冶炼行业百强企业竞争力分析报告［R］.智研咨询，2020.

［91］钢铁行业发展［EB/OL］.中国钢铁新闻网http：//www.csteelnews.com/.

［92］山西省钢铁行业［EB/OL］.山西省钢铁行业协会http：//www.sxgtxh.cn/.

［93］我国钢铁减量、减碳发展途径思考［N］.中国冶金报，2021-07-14.

［94］筑牢科技之基实现自立自强［N］.山西日报，2021-06-08.

［95］山西担当！我们驶出能源革命的"加速度"［EB/OL］.山西广播电视台融媒体，2019-09-19.

［96］在新发展格局中加快城市群建设［N］.经济日报，2021-10-09.

［97］谢国根.财政分权、环境规制与战略性新兴产业发展——基于安徽省16个地级市实证研究分析［J］.重庆工商大学

学报（社会科学版），2021（05）：51—59.

[98] 刘国巍. 战略性新兴产业创新金融支持机理及两阶段演化博弈分析 [J]. 运筹与管理，2021，30（04）：87—95.

[99] 王昶，周亚洲，耿红军. 本地能力视角下战略性新兴产业政策扩散研究——以中国内地31省份新材料政策为例 [J]. 科技进步与对策，2021（04）：121—130.

[100] 逯东，朱丽. 市场化程度、战略性新兴产业政策与企业创新 [J]. 产业经济研究，2018（02）：65—77.

[101] 吕晓军. 政府补贴与企业技术创新投入——来自2009—2013年战略性新兴产业上市公司的证据 [J]. 软科学，2016（12）：1—5.

[102] 郭勇. 力促山西战略性新兴产业集群发展 [J]. 中共山西省委党校学报，2020（02）：64—67.

[103] 李强，王跃婷. 山西省平衡态空间结构在战略性新兴产业五年规划编制中的应用研究 [J]. 长春大学学报，2020（03）：12—19.

[104] 魏勇强. 乔彦芸. 资源型地区主导产业选择研究——以山西省为例 [J]. 改革与战略，2018（05）：80—86.

[105] 李慧. 经济新常态下山西省战略性新兴产业发展对策研究 [J]. 现代营销（下旬刊），2019（11）：127—128.

[106] 郭克莎，彭继宗. 制造业在中国新发展阶段的战略地位和作用 [J]. 中国社会科学，2021（05）：128—149，207.

[107] 李晓华. 全球制造业格局演变与我国的应对之策 [N]. 经济日报，2021-02-22.

[108] 李慧，赵先锋. 中小型制造业企业转型存在的问题及对策——以山西长治维特衡器有限公司为例 [J]. 商业经

济，2020（04）：93—94.

［109］工会法完成修改聚焦产业工人队伍建设［EB/OL］.全国总工会，2021-12-25.

［110］推动传统行业数字化转型［N］.人民日报，2021-05-21.

［111］李慧.产业转型视角下的山西省人才发展对策.商业经济［J］，2020（04）：94—95.

［112］李慧.基于全链条视角的山西省资源型产业转型分析［J］.商业经济，2020-10-28.

［113］山西省"十四五"大数据发展应用规划［R］.山西省工业和信息化厅，2021.10.28.

［114］工信部信息技术发展司.《"十四五"信息化和工业化深度融合发展规划》解读［N］.中国电子报，2021-12-03.

［115］郭克莎，彭继宗.制造业在中国新发展阶段的战略地位和作用［J］.中国社会科学，2021（05）：128—149，207.

［116］山西开创企业国家重点实验室建设新模式［EB/OL］.山西政府网，2021-05-31.

［117］山西高等创新研究院官网介绍［EB/OL］.http：//www.saari.org.cn/.

［118］刘泰谷.科技型中小企业产学研协同创新绩效影响因素研究［D］.乌鲁木齐：新疆财经大学，2017.

［119］工业和信息化部关于充分发挥行业协会作用的指导意见［R］.北京：工业和信息化部，2009.

［120］毛亚男.行业协会参与职业教育人才培养模式研究［D］.天津：天津大学，2015.

［121］行业协会如何提升公信力，增强社会影响力［EB/

参考文献

OL]．搜狐网，2021-07-19．

[122] 赵玉林．创新经济学（第二版）[M]．北京：清华大学出版社，2017．

[123] 蔺雷等．服务创新（第2版）[M]．北京：清华大学出版社，2009．

[124] 做强做优做大我国数字经济，"十四五"怎样走好"先手棋"？[EB/OL]．新华网，2022-01-16．

[125] 山西省人民政府关于印发山西省加快推进数字经济发展实施意见和若干政策的通知 [R]．山西省人民政府，2019-08-27．

[126] 李慧．流通企业供应链联盟对价值链创新的路径驱动 [J]．商业经济研究，2021（20）：124—127．

[127] 李慧，王猛．数字经济发展的零售技术创新效应：多维创新路径视角 [J]．商业经济研究，2022（01）：42—45．

[128] 刘淑萍．债务融资、高管持股和企业成长性——来自批发零售业上市公司的实证 [J]．商业经济研究，2019（20）：163—165．

[129] 沈华夏，殷凤．全球价值链视角下零售业效率测度与升级策略——结合"新零售"实践探索的新思路 [J]．中国流通经济，2019，33（6）：3—13．

[130] 李兰等．企业家对宏观形势及企业经营状况的判断、问题和建议．中国企业经营者问卷跟踪调查报告 [J]．管理世界，2017（12）：75—91．

[131] 王晓娟．"新零售"时代零售企业商业模式创新分析 [J]．商业经济，2020（8）：38—41．

[132] 王伟．数字经济与传统商业融合的模式创新 [J]．

杭州电子科技大学学报，2019（10）：26—30.

[133] 王淑翠，俞金君，宣峥楠. 我国"新零售"的研究综述与展望 [J]. 科学学与科学技术管理，2020（6）：91—107.

[134] 杨永芳，张艳，李胜.新零售背景下实体零售数字化转型及业态创新路径研究 [J]. 商业经济研究，2020（17）：33—36.

[135] 王强，刘玉奇. 新零售引领的数字化转型与全产业链升级研究——基于多案例的数字化实践 [J]. 商业经济研究，2019（18）：5—8.

[136] 付兵. 我国新零售模式的要素解构与系统转型 [J].改革与战略，2019（7）：75—83.

[137] 张炜，李伟，杨建. 新零售背景下社区型商业模式的现状与发展 [J].科技经济导刊，2020（28）：205—206.

[138] 黄蓉. 技术创新效率对我国零售业发展的影响——基于不同零售技术创新维度 [J]. 商业经济研究，2021（09）：179—182.

[139] 赵涛，张智，梁上坤. 数字经济、创业活跃度与高质量发展——来自中国城市的经验证据 [J]. 管理世界，2020，36（10）：65—76.

[140] 刘淑萍. 债务融资、高管持股和企业成长性——来自批发零售业上市公司的实证 [J]. 商业经济研究，2019（20）：163—165.

[141] 沈华夏，殷凤.全球价值链视角下零售业效率测度与升级策略——结合"新零售"实践探索的新思路 [J]. 中国流通经济，2019，33（6）：3—13.

[142] 王晓娟. "新零售"时代零售企业商业模式创新分析

［J］. 商业经济，2020（8）：38—41.

［143］王淑翠，俞金君，宣峥楠. 我国"新零售"的研究综述与展望［J］. 科学学与科学技术管理，2020（6）：91—107.

［144］杨永芳，张艳，李胜. 新零售背景下实体零售数字化转型及业态创新路径研究［J］. 商业经济研究，2020（17）：33—36.

［145］王强，刘玉奇. 新零售引领的数字化转型与全产业链升级研究——基于多案例的数字化实践［J］. 商业经济研究，2019（18）：5—8.

［146］付兵. 我国新零售模式的要素解构与系统转型［J］. 改革与战略，2019（7）：75—83.

［147］张炜，李伟，杨建.新零售背景下社区型商业模式的现状与发展［J］.科技经济导刊，2020（28）：205—206.

［148］赵涛，张智，梁上坤. 数字经济、创业活跃度与高质量发展——来自中国城市的经验证据［J］. 管理世界，2020，36（10）：65—76.